体育运动

健美 举重
JIANMEI　JUZHONG

主编 兴树森
　　　赵利明
　　　耿　淼

走进**大自然**
走到阳光下
养成**体育锻炼**
好习惯

吉林出版集团股份有限公司　全国百佳图书出版单位

图书在版编目（CIP）数据

健美 举重 / 兴树森，赵利明等主编.—长春：吉林出版集团股份有限公司，2011.5（2024.1 重印）
ISBN 978-7-5463-5242-8

Ⅰ.①健… Ⅱ.①兴… ②赵… Ⅲ.①健美运动—青年读物②健美运动—少年读物③举重—青年读物④举重—少年读物 Ⅳ.①G883-49②G884-49

中国版本图书馆 CIP 数据核字（2011）第 081803 号

健美 举重

主编	兴树森 赵利明 耿淼
责任编辑	息望 林丽
出版发行	吉林出版集团股份有限公司
印刷	三河市同力彩印有限公司
版次	2011 年 7 月第 1 版 2024 年 1 月第 8 次印刷
开本	787mm×1092mm 1/16 印张 10 字数 100 千
地址	吉林省长春市福祉大路 5788 号 邮编 130000
电话	0431-81629968
电子邮箱	11915286@qq.com
书号	ISBN 978-7-5463-5242-8
定价	45.80 元

版权所有 翻印必究
如有印装质量问题，请寄本社退换

《体育运动》编委会

主　　任　宛祝平

编　　委　支二林　方志军　王宇峰　王晓磊　冯晓杰
　　　　　　田云平　兴树森　刘云发　刘延军　孙建华
　　　　　　曲跃年　吴海宽　张　强　张少伟　张铁民
　　　　　　李　刚　李伟亮　李志坚　杨雨龙　杨柏林
　　　　　　苏晓明　邹　宁　陈　刚　岳　言　郑风家
　　　　　　宫本庄　赵权忠　赵利明　赵锦锦　潘永兴

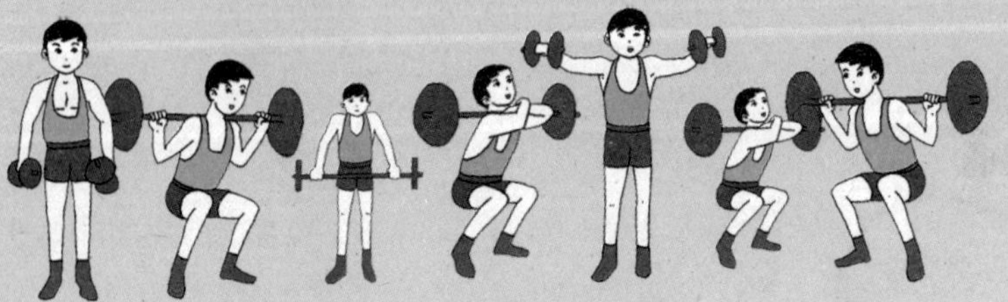

目录 CONTENTS

健美

第一章 运动保护
　第一节　生理卫生……………………2
　第二节　运动前准备…………………3
　第三节　运动后放松…………………8
　第四节　恢复养护……………………10

第二章 健美概述
　第一节　起源与发展…………………12
　第二节　特点与价值…………………14

第三章 健美场地、器材和装备
　第一节　场地…………………………18
　第二节　器材…………………………19
　第三节　装备…………………………19

第四章 健美基本技术
　第一节　技术要素……………………22
　第二节　肌肉认识……………………27
　第三节　基础动作……………………29
　第四节　柔韧性练习…………………34
　第五节　胸部练习……………………41

目录

第六节 背部练习 52
第七节 肩部练习 58
第八节 腹部练习 62
第九节 大腿练习 66

第五章 健美比赛规则
　第一节 程序 72
　第二节 裁判 79

举重

第六章 举重概述
　第一节 起源与发展 84
　第二节 特点与价值 86

第七章 举重场地、器材和装备
　第一节 场地 90
　第二节 器材 90
　第三节 装备 92

第八章 举重基本技术
　第一节 技术原则 96
　第二节 抓举技术 97

目录 CONTENTS

第三节 挺举技术……………………111
第三节 举重辅助练习方法……………124
第九章 举重比赛规则
第一节 程序…………………………144
第二节 裁判…………………………147

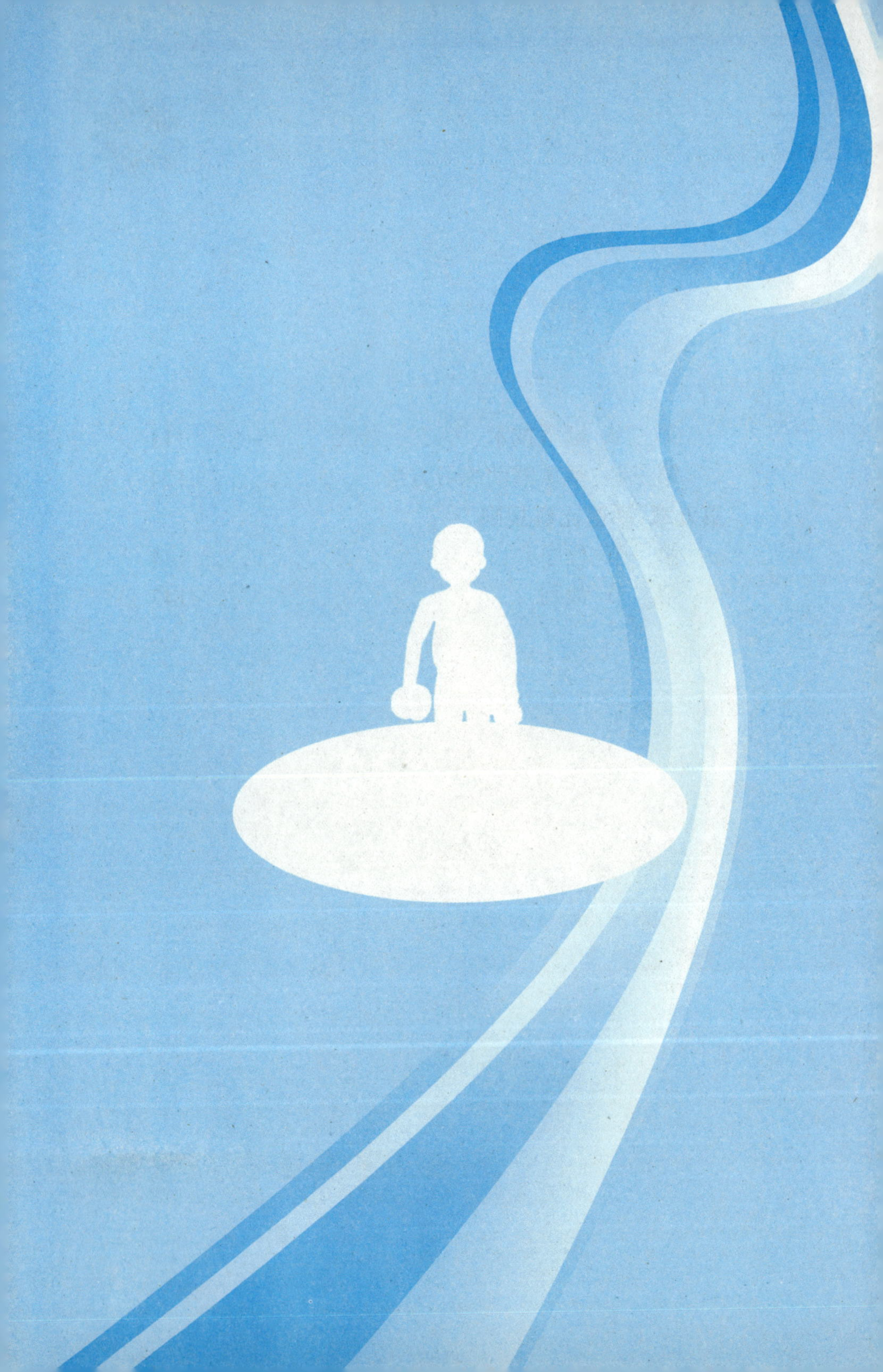

健美

第一章 运动保护

"生命在于运动",但是盲目、不科学的运动非但不能起到强身健体的作用,反而会给身体带来一定的伤害。只有掌握体育锻炼的一般性生理卫生知识,科学地进行体育锻炼,才能起到健身强体的作用。

第一节 生理卫生

青少年在进行体育运动时，除了应进行一般性的身体检查和必要的咨询外，还要注意培养运动兴趣和把握适当的运动强度。

一、培养运动兴趣

在进行运动前，必须培养自己对体育运动的兴趣。培养兴趣的方法有很多，如观看体育比赛，与同学、朋友进行体育比赛等。有了浓厚的兴趣，就能自觉地投入体育运动之中，从而达到理想的体育锻炼效果。

二、把握运动强度

因为青少年进行体育运动，主要是在享受体育运动的过程中增强体质，提高健康水平，而不仅是为了创造运动成绩，所以运动强度不宜过大。控制运动强度最简单的办法是测定运动时的脉搏。一般对青少年来说，运动时的脉搏控制在每分钟140次左右较为合适。

第二节 运动前准备

运动前进行充分的准备活动,对于青少年来说是非常重要的。一些青少年体育运动爱好者,常常不重视运动前的准备活动,导致各种运动损伤,影响运动效果,也容易失去对体育运动的兴趣,甚至造成对体育运动的畏惧。因此,青少年在进行体育运动前,必须做好充分的准备活动。

一、准备活动的作用

运动前做好充分的准备活动能够对肌肉、内脏器官有很大的保护作用,同时还可以提前调节运动时的心理状态。

(一)提高肌肉温度,预防运动损伤

运动前进行一定强度的准备活动,不仅可以使肌肉内的代谢过程加强,温度增高,黏滞性下降,提高肌肉的收缩和舒张速度,增强肌力,同时还可以增加肌肉、韧带的弹性和伸展性,减少由于肌肉剧烈收缩而造成的运动损伤。

(二)提高内脏器官的功能水平

内脏器官的功能特点之一就是生理惰性较大,即当活动开始、肌肉发挥最大功能水平时,内脏器官并不能立刻进入

最佳活动状态。而充分的准备活动可以帮助内脏器官得到"热身",从而起到较好的调节和保护作用。

(三)调节心理状态

青少年进行体育锻炼不仅是身体活动,同时也是心理活动。研究证明,心理活动在体育锻炼中起着非常重要的作用。体育锻炼前的准备活动,可以起到心理调节的作用,即接通各运动中枢间的神经联系,使大脑皮层处于最佳兴奋状态。

二、如何进行准备活动

一般来说,准备活动主要应考虑内容、时间和运动量等问题。

(一)内容

准备活动可分为一般准备活动和专项准备活动。一般准备活动主要是一些全身性的身体练习,如跑步、踢腿、弯腰等。一般准备活动的作用在于提高整体的代谢水平和大脑皮层的兴奋状态,减少运动损伤的发生。专项准备活动是指与所从事的体育锻炼内容相适应的动作练习。

下面介绍一套一般准备活动操,供青少年运动前使用。这套活动操主要包括头部运动、肩部运动、扩胸运动、体侧运动、体转运动、髋部运动和踢腿运动等。

1.头部运动

头部运动的动作方法(见图1-2-1)是：

两手叉腰，两脚左右开立，做头部向前、向后、向左、向右，以及绕环运动。

2.肩部运动

肩部运动的动作方法(见图1-2-2)是：

手扶肩部，屈臂向前、向后绕环，以及直臂绕环。

3.扩胸运动

扩胸运动的动作方法(见图1-2-3)是：

屈臂向后振动及直臂向后振动。

4.体侧运动

体侧运动的动作方法(见图1-2-4)是：

两脚左右开立，一手叉腰，另一臂上举，并随上体向对侧振动。

5.体转运动

体转运动的动作方法(见图1-2-5)是：

两脚左右开立，两臂体前屈，身体向左、向右有节奏地扭转。

6.髋部运动

髋部运动的动作方法(见图1-2-6)是：

两脚左右开立，两手叉腰，髋关节放松，做向左、向右360°旋转。

7.踢腿运动

踢腿运动的动作方法(见图1-2-7)是：

两臂上举后振，同时一腿向后半步，然后两臂下摆后振，同时向前上方踢腿。

图 1-2-1

图 1-2-2

图 1-2-3

YUNDONG BAOHU 运动保护

图 1-2-4

图 1-2-5

图 1-2-6

007

图 1-2-7

(二)时间和运动量

准备活动的时间和运动量随体育锻炼的内容和量而定,由于以健身为目的的体育运动量较小,因此准备活动的量也相对较小,时间也不宜过长,否则,还未进行体育锻炼身体就疲劳了。半小时的体育锻炼,准备活动时间一般以 10 分钟左右为宜。

第三节 运动后放松

进行剧烈的体育运动后,有些青少年习惯坐在地上,或是直接躺下来休息,认为这样可以快速消除疲劳。其实不然,这样做的结果不仅不能尽快地恢复身体功能,反而会对身体产生不良影响,正确的做法应该是运动后做一些整理活动,放松身体。

一、运动后整理活动的必要性

运动后的整理活动不但可以避免头晕等症状，还可以有效地消除疲劳。

（一）避免头晕

人体在停止运动后，如果停下来不动，或是坐下来休息，静脉血管失去了骨骼肌的节律性收缩，血液会由于受重力作用滞留在下肢静脉血管中，导致回心血量减少，心血输出量下降，造成暂时性脑缺血，出现头晕、眼前发黑等一系列症状，严重者甚至会出现休克。为了避免这些症状的发生，整理活动是非常必要的。

（二）消除疲劳

除了避免头晕等症状的发生，运动后的整理活动还可以改善血液循环状态，达到快速消除疲劳的目的。

二、放松方法

在运动后放松时，应注意以下几个问题：

（1）做一些放松跑、放松走等形式的下肢运动，促进下肢静脉血的回流，防止体育锻炼后心血输出量的过度下降；

（2）下肢活动后进行上肢整理活动，右臂活动后做左臂的整理

活动，通过这种积极性休息，使身体功能得到尽快恢复；

（3）整理活动的量不要过大，否则整理活动又会引起新的疲劳；

（4）在进行整理活动时，应当保持心情舒畅、精神愉快。

第四节 恢复养护

人体在运动后，除采用休息和积极性体育手段加速身体功能的恢复外，还可以根据体育运动的特点，补充不同的营养物质，以尽快消除疲劳。

体育运动结束后，人体内会产生一种叫作乳酸的酸性物质，它的积累会造成机体的疲劳，使恢复时间延长。所以，我们在体育运动后，应多补充一些碱性食物，如蔬菜、水果等，而动物性蛋白等肉类食品偏"酸"，在运动后的当天可适当减少摄入。

第二章 健美概述

　　健美运动是一项通过徒手和各种器械、运用专门的动作方式和方法进行锻炼，以发达肌肉、增长体力、改善形体和陶冶情操为目的的运动项目，它是举重运动的一个分支，同时也是一个独立的竞赛项目。

　　进行健美运动能锻炼全身各部位的肌肉。健美运动不仅强调"健"，而且强调"美"，把体育和美育融为一体。

第一节 起源与发展

健美运动起源于 19 世纪末期、20 世纪初期,在英、美等国广泛开展。1949 年,国际健身联合会(IFBB)成立后,健美运动进入不断发展、提高和创新时期。

一、起源

不同时代对美的追求是不一样的,古希腊人以结实的身体和矫健的身手为美,这是健美观念的起源。

公元 130~200 年,古罗马著名医生盖伦著书立说,倡导健身运动。他将运动分为臂部、躯干和腿部运动,并列举一些运动项目,如搬动和高举重物、爬绳和锄掘等。

到了 18 世纪,德国著名体育活动家艾泽伦(1792~1846 年)开设了培训体育师资的课程,创造了哑铃、杠铃等运动,这是现代健美运动的萌芽。

19 世纪末,山道(Sandow)集健、力、美精华于一身,成为现代健美运动的创始人。

二、发展

(一)国际健美运动

20世纪初期,健美运动在英、美等国得到了广泛的开展。英国《体育》健身杂志主编麦克法登著有健身著作50余部,对健美运动的开展作出了巨大贡献。

1946年,加拿大人本·韦特和其弟弟健美大师裘·韦特一同发起创建了国际健美协会,制订了健美比赛的国际规则,并开始举行正式的国际业余健美锦标赛。

1949年,国际健身联合会(IFBB)成立。

20世纪40年代,女子健美运动兴起。

1977年10月,在美国俄亥俄州举行了世界上第一次穿"比基尼"三点装的比赛。

1980年,国际健美协会正式成立了妇女委员会。

(二)中国健美运动

20世纪30年代,现代健美运动由欧美传入中国。1949年后,健美运动得到广大群众的喜爱,上海、北京、南京、苏州等地的健美场馆如雨后春笋般纷纷建立,吸引了很多青少年进行健美锻炼。

20世纪80年代是中国健美运动的大发展时期。在改革开放的形势下,为了满足广大青少年想使体格迅速健美起来的迫切愿望,

在 1980 年前后,上海、北京、广州等地大力开展健美运动。1983 年 6 月,上海举办了第 1 届全国"力士杯"健美邀请赛。

1985 年 11 月,在瑞典哥德堡举行的第 39 届国际健美联合会年会上,中国正式成为国际健美联合会的第 128 个会员国。

1986 年 11 月,国家体委主持选举了中国举重协会健美委员会,统一领导开展中国的健美运动。

1988 年 10 月,中国首次派出何玉珊、孙伟毅两人参加了在澳大利亚举行的世界男子业余健美锦标赛。

1989 年 12 月,中国在上海举行了首次国际健美邀请赛。

今后,我国的健美运动必将得到更大的普及,健美运动水平也必将获得更大的提高。

第二节 特点与价值

健美运动易于开展,强度可以自行调节,对提高人的身体素质和发展心智都有着积极的作用,而且在比赛和训练过程中,人们不断交往、交流经验,这有助于各国之间、人与人之间进行文化交流,增进友谊。

一、特点

(一)高度的艺术性

健美是追求人体健与美的运动项目,具有高度的艺术性。练习者可以借此展示自我,给人以美的享受。

（二）广泛的适应性

健美操练习形式多样，运动量可大可小，容易控制，对场地、器材的依赖也不高，各个年龄层次、不同性别、不同身体素质、不同技术水平的人都适宜。青少年可以很容易地从健美练习中找到适合自己的方式，从中得到乐趣，增强自信心。

二、价值

（一）对肌肉的影响

肌肉的生长是一个复杂的生长变化过程。肌细胞中含有大量的能源物质和毛细血管，随着训练水平的提高，能量储备越多，运动耐受能力越强，毛细血管也越多，这使肌肉中的血流量增加，新陈代谢加快，肌肉体积变大。

（二）改善神经控制

健美训练使大量的肌纤维同时参与运动，使大脑皮层的兴奋和抑制过程增强，刺激平时不易参与用力的肌纤维，进而使运动员调动更多的肌肉力量进行训练。

(三)提高全身运动器官的质量

健美训练会使全身的腱鞘、肌膜、韧带进行反复的牵拉,骨密质变厚,骨干增粗,肌膜、韧带变得坚实粗大,使肌肉承受负荷的能力提高,减少运动损伤的发生。

第三章 健美场地、器材和装备

　　健美运动形式多样，具有很强的观赏性和艺术性，这项运动对场地、训练器材和装备都有很高的要求。高质量的场地是健美操运动开展的前提，而良好的器材和装备是有效训练的基本保障。

第一节 场地

一般情况下，初学者可以在空地或家里的地板上进行徒手或轻器械的练习，但是，高水平的健美练习最好在健身房里进行，以减少不必要的运动损伤。

一、规格

健美比赛赛台长 9 米，宽 1.5 米，高 3 米，可制成拼接式。

二、设施

（1）赛台挂有背幕和相应的赛台装置，赛台中心设置规定行走路线；

（2）赛台上必须铺有浅色地毯，热身活动区和后场至前场通道也要铺设地毯；

（3）赛台上应设有音响设备。

三、要求

（1）背幕必须是单深色，如黑色、棕色、黑绿色、紫红色等；

（2）背幕高不得低于 6 米，宽不得少于 15 米，背幕上可设主办单位会徽和大赛会徽；

（3）赛台光照必须均匀，赛台和背幕不得有重影；

（4）使用暖色灯，光照度不得低于 4500 勒克斯。

第二节 器材

参加健美比赛前,参赛者需要做热身运动,主要使用的器材包括哑铃和杠铃等(见图3-2-1)。

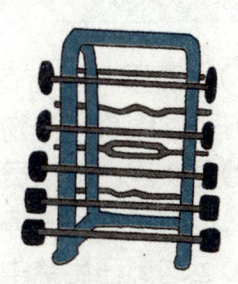

图 3-2-1

第三节 装备

运动员在健美比赛中穿着紧身服装,不穿鞋。初学者在练习时最好穿着专门的健美服,这样既有利于动作的练习和美感,又可避免不必要的运动损伤。

一、款式

(1)男运动员必须穿着规定式样的比赛三角裤;
(2)女运动员必须穿着单色不耀眼的、能完全显露出腹部和背

部肌肉的比基尼赛服。

二、材质

健美服由棉质或丝绸质材料制成。

三、要求

（1）比赛服不能带有花纹图案、商标和任何附加的装饰品，也不能带有金、银等闪光物；

（2）男女混合运动员的比赛服颜色必须是一致的深色；

（3）运动员的号码牌应挂在或缝在比赛裤的左前侧；

（4）运动员在比赛中不准穿着鞋、袜，不准戴手表、手镯、脚镯、项链、耳环、假发和其他饰物，身上不准贴胶布或裹绷带，不准有人工刺花；

（5）女运动员的头发不能下披超过肩部；

（6）运动员可以在全身进行人工上色，但必须在预赛前24小时就用上。

第四章 健美基本技术

健美运动不仅要求掌握正确合理的动作技术，还要求有坚强的意志品质，能够长期坚持不懈。基本技术包括技术要素、肌肉认识、基础动作、柔韧性练习、胸部练习、背部练习、肩部练习、腹部练习和大腿练习等。

第一节 技术要素

健美运动包括九大技术要素的动作,即动作、重量、次数、组数、间歇、节奏、呼吸、意守和情绪等。

一、动作

动作是根据人体各部位肌肉的不同功能设计出来的,只有正确的动作才会使肌肉变得强壮而美观。动作包括动作类型和动作技术。

(一)动作类型

根据参与用力的肌肉的多少,可分为基本动作和孤立动作。

1. 基本动作

基本动作是指人体大肌肉群与小肌肉群都同时参与用力的动作,能使众多肌肉协调发展,整体效果非常理想,也是增长力量、使肌肉块发达的主要手段。大多数推和拉的整体性动作都属于基本动作,包括训练大腿的深蹲和直腿硬拉动作、训练背阔肌的俯身划船和引体向上动作、训练胸肌的仰卧推举和双臂屈伸动作、训练斜方肌的直立划船动作、训练肱二头肌的杠铃弯举动作、训练肱三头肌的双臂后撑动作和训练腹肌的仰卧起坐动作等。

2. 孤立动作

孤立动作是指单独刺激某一肌肉群,其他肌肉群不参与用力

的动作,能集中刺激局部肌肉,使单个肌肉群生长较快,是发展肌肉耐力、减少脂肪、使肌肉形状和线条清晰的主要手段。大多数以关节支点为主的杠杆性动作都属于孤立动作,包括训练大腿的坐姿蹬腿动作、训练背阔肌的俯卧杠铃划船动作、训练胸肌的仰卧飞鸟与十字夹胸动作、训练肱二头肌的斜板弯举动作和训练肱三头肌的单臂屈伸动作等。

(二)动作技术

正确的动作技术是训练的可靠保证,要求根据肌肉具有的特定功能,通过对抗一定的阻力,使肌肉充分地伸展和收缩。正确的动作技术的方法是:

(1)选用比正常练习轻得多的重量,让肌肉充分伸展和收缩;

(2)慢速做动作,注意动作的正确性,体会肌肉用力的感觉;

(3)逐步增加重量,注意感觉是否改变,当重量增加到无法保持同样感觉时,说明重量过大;

(4)头部不要出现多余动作,始终保持正直、稳定,目视前方;

(5)每一个动作都应控制在有效的运动范围以内。

二、重量

重量也被称为训练负荷,它通过向中枢神经系统输送相应信息,使肌肉受到刺激,产生反应和变化,一般包括器械重量和自身质量。

(一)器械重量

器械重量是通过器械对肌肉施加重量,如杠铃、哑铃或组合器械等。

(二)自身质量

自身质量是指利用自身体重对肌肉施加重量,如做不加负重的引体向上或俯卧撑等。

三、次数

次数是指按照规定的技术要求,能连续完成动作的多少,中间允许有适当停顿。次数与重量的关系紧密,在很大程度上取决于重量的增减。

当训练的动作方式基本确定后,次数的多少会产生不同的训练效果,一般规定1~6次为少次数,7~15次为中次数,15~30次以上为高次数。低次数以增长体力和力量为目的,高次数以增强肌肉耐力、消除脂肪为目的。

四、组数

将一个训练动作反复完成至力竭称为一组,包括做准备活动时的热身组和进行力量训练时的正式组等。

(一)热身组

热身组是准备活动的一个组成部分,在做每个动作前,都应做 1~2 个热身组,可以活动关节和韧带,防止受伤,并使机体代谢加速。

(二)正式组

正式组在训练上并没有固定的模式,因不同的人和不同部位的肌肉而不同,具体方法为:

(1)初级者由于体力与适应性的不同,每个动作练习只保持 1~3 组;

(2)中级者的大肌肉群练习一般不超过 10~12 组,小肌肉群不超过 8~10 组;

(3)高级者的大肌肉群练习一般不超过 12~15 组,小肌肉群不超过 10~12 组。

五、间歇

间歇即组间间歇,指两个练习组之间的休息。当一组练习做到力竭时,不得不停下来休息,缓解一定程度的疲劳,为继续下一组练习做准备。

一般称间歇小于 10 秒为极短间歇,10~30 秒为短间歇,30~60 秒为中间歇,60~180 秒为长间歇,超过 180 秒属于彻底放松,失去了间歇作用。

间歇期间可以做一些积极性的活动,如调整呼吸、用双手有节奏地按摩受刺激的肌肉、做伸展和抖动动作等加大间歇作用,最好不要闲聊,以免延误时间,降低训练效果。

六、节奏

节奏是指做动作时速度的快慢。掌握节奏训练,会增大肌肉体积,提高肌肉力量,改善动作的协调性,防止受伤。

理想的技术动作,要求肌肉能收缩至最短和伸展至最长,它包含收缩和伸展两个阶段,一般要求快收缩和慢伸展,动作方法是:

(1)收缩时用力1~2秒钟,快收缩可以最大限度地使主动肌产生快速张紧力,不借助或少借助协调肌群;

(2)伸展时还原2~4秒钟,慢伸展可以增加肌肉的用力时间,加深对肌肉的刺激,避免受伤,使肌肉达到一定的饱和度。

七、呼吸

呼吸与节奏紧密相连,互相协助可以使训练动作顺利完成,正确的呼吸方法有助于发挥出最大的力量,提高训练效果。健美运动中,多数采用一次动作一次呼吸的方法,动作方法是:

(1)肌肉用力收缩时用鼻孔吸气,放松还原时张口呼气;

(2)做扩展胸部时吸气,收缩胸部时呼气。

八、意守

意守就是要求排除一切干扰，把精神和力量集中起来，使有关的肌肉群和谐、有效地工作，从而恰当地调节动作的幅度、动作的节奏、练习的重量、次数和组数。能否掌握意守是取得成功的关键，有助于实现无障碍意守的方法有：

(1) 以积极的态度对待训练；
(2) 克服一切消极思想；
(3) 制订切实可行的训练计划；
(4) 训练前做好精神、心理准备；
(5) 训练时要摆脱自身的杂念和各种事情的干扰；
(6) 充分控制自己，在受到干扰时能立即恢复状态，或马上进行适当的调整。

九、情绪

情绪是在健美运动时的心理状态，是决定训练效果的主要因素。轻松的训练感觉，有助于顺利地完成训练课，并取得满意的训练效果，而不良情绪会使人意志消沉，不能全身心地投入到训练中，有时甚至不得不放弃训练课，或彻底终止训练。

第二节 肌肉认识

健美是肌肉的运动，了解肌肉的结构、功能及其生理常识是至关重要的，往往会带来事半功倍的效果。下面从人体的正面和侧面

来认识一下人体的肌肉组成：

一、正面肌肉

1.胸锁乳突肌　2.颈阔肌　3.肱桡肌　4.肱二头肌　5.三角肌　6.胸大肌　7.前锯肌　8.腹直肌　9.腹外斜肌　10.缝匠肌　11.长收肌　12.股薄肌　13.股外肌　14.大收肌　15.股四头肌　16.股内肌　17.腓肠肌　18.比目鱼肌　19.胫骨前肌　20.趾长伸肌（见图4-2-1）。

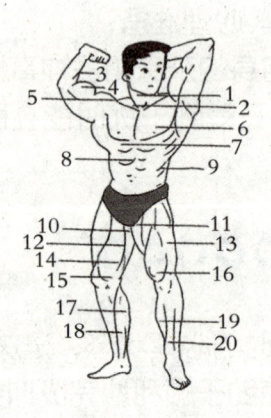

图 4-2-1

二、背面肌肉

21.前臂伸肌肌群　22.前臂屈肌肌群　23.斜方肌　24.背阔肌　25.冈下肌　26.三角肌　27.菱形肌　28.肱肌　29.肱三头肌　30.臀中肌　31.臀大肌　32.股二头肌　33.半膜肌　34.腓肠肌

35.腓骨长肌　36.比目鱼肌　37.骶棘肌（见图4-2-2）。

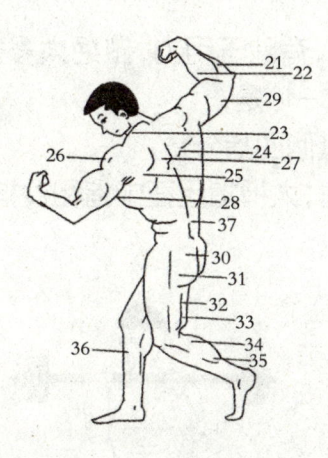

图4-2-2

第三节　基础动作

健美训练包含着丰富的内容和多种多样的动作，这些动作都是以基础动作为前提的，包括器械的握法和握位等。

一、器械握法

健美训练中手握器械的方法包括普通握、空握和锁握三种。

(一)普通握

普通握较普遍,有助于用力,做绝大多数动作时都可以使用,动作方法(见图4-3-1)是:

(1)大拇指同其他四指分开;

(2)握住器械时,大拇指压在中指和食指上。

图 4-3-1

(二)空握

空握的特点是握得不紧,一般只能用于上提或向上引体,动作方法(见图4-3-2)是:

(1)大拇指与其他四指并拢;

(2)通过手指的弯曲握住器械。

图 4-3-2

(三)锁握

锁握是握得最紧的一种握法,多用于提拉大重量的动作,可防止意外脱手,动作方法(见图 4-3-3)是:

(1)大拇指同其他四指分开;
(2)握住器械时,食指和中指紧紧地压在大拇指上面。

图 4-3-3

二、握位

根据持械的姿势,握位分为正握、反握、对握和正反握等。

(一)正握

正握的动作方法(见图 4-3-4)是:双手掌心朝向前方,握住器械。

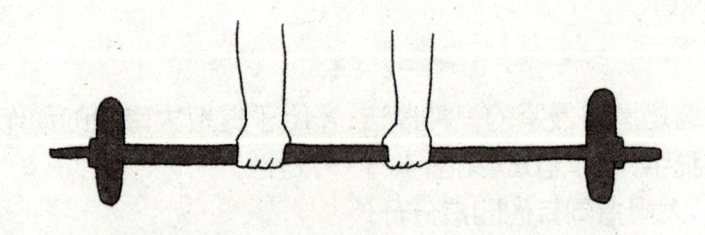

图 4-3-4

(二)反握

反握的动作方法(见图 4-3-5)是:双手掌心朝向自己,握住器械。

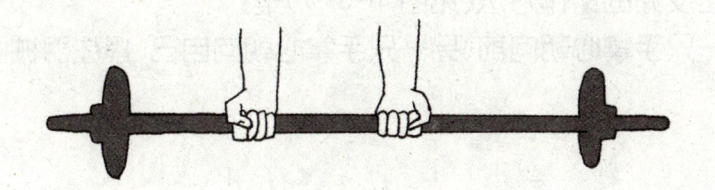

图 4-3-5

(三)对握

对握的动作方法(见图 4-3-6)是：双手掌心向内，相对握住器械。

图 4-3-6

（四）正反握

正反握的动作方法（见图 4-3-7）是：一只手掌心朝向前，另一只手掌心朝向自己，握住器械。

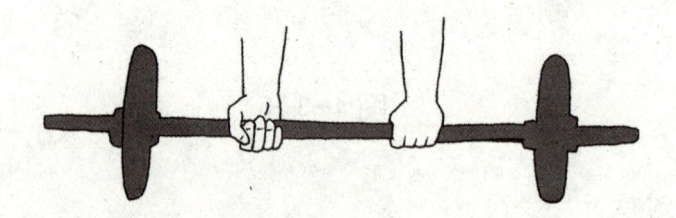

图 4-3-7

第四节 柔韧性练习

柔韧性练习应针对相应部位的肌肉在每次训练之前进行，目的是尽力伸展要做动作的肌肉，使之保持相当的灵活性，以避免在训练中发生肌肉拉伤。训练时必须摆出正确的姿势，做伸展之前要先使自己的体温上升。柔韧性练习包括伸展肩部、伸展臂部和伸展腿部等。

一、伸展肩部

伸展肩部的动作包括双臂肩绕环和双臂上伸交叉等。

(一)双臂肩绕环

双臂肩绕环的动作方法(见图 4-4-1)是:
(1)直立、挺胸、收腹,保持背部平直,双脚分开;
(2)双手自然下垂,头部、背部保持在一条直线上;
(3)双肩放松,由前向后做逆时针转动,再由后向前做顺时针转动。

图 4-4-1

(二)双臂上伸交叉

双臂上伸交叉的动作方法(见图 4-4-2)是:
(1)直立、挺胸、收腹,保持背部平直;
(2)双脚分开,头部与背部保持在一条直线上;
(3)将双肩由肋骨部分向上尽量伸至头部最高处,然后双腕互相交叉,双掌贴在一边;

(4)抬头,目视前方,保持该姿势;
(5)然后双腕再以相反姿势交叉重复该动作。

图 4-4-2

二、伸展臂部

伸展臂部的动作包括双手反向撑地和双手过头伸展等。

(一)双手反向撑地

双手反向撑地的动作方法(见图 4-4-3)是:
(1)双脚在地上,背部保持弯曲;
(2)头部与脊柱呈弧形,挺腹;
(3)双臂下伸,双掌平放在地上,指尖指向膝盖,双掌紧贴地面;
(4)从臂部开始,上身略向后倾,感觉肱二头肌绷紧时保持该姿势。

图 4-4-3

(二)双手过头伸展

双手过头伸展的动作方法(见图 4-4-4)是:
(1)直立、挺胸、收腹,背部保持平直;
(2)双脚分开,头部和脊柱保持在同一条直线上;
(3)吸气,右手撑腰,同时左手抡起屈肘,将手放在头后肩胛骨中间,保持正常呼吸;
(4)将右手放在左肘上,轻轻呼吸,将左肘向后扳;
(5)然后换手重复此动作。

图 4-4-4

三、伸展腿部

伸展腿部的动作包括直立四头肌伸展、俯身二头肌伸展和直立小腿伸展等。

(一)直立四头肌伸展

直立四头肌伸展的动作方法(见图 4-4-5)是:
(1)直立、挺胸、收腹,保持背部平直;
(2)左手抓住器械以支撑身体,头部与脊柱保持在一条直线上;
(3)略屈膝,抬起右腿,用右手握住脚轻轻拉向臀部;
(4)当大腿正面感觉绷紧时,保持该姿势;
(5)然后换起左腿重复上述动作。

图 4-4-5

(二)俯身二头肌伸展

俯身二头肌伸展的动作方法(见图4-4-6)是:
(1)直立、收腹,背部保持平直;
(2)双脚以宽站距分开,保持半蹲姿势,并将双脚外撇45°;
(3)上半身转向左腿,双手放在左腿上,目视左大腿;
(4)胸部靠向左大腿,并让左腿伸直,保持该姿势;
(5)然后换腿重复上述动作。

图 4-4-6

（三）直立小腿伸展

直立小腿伸展的动作方法（见图 4-4-7）是：
（1）直立，双脚分开，脚趾尖向前，背部保持平直；
（2）用力收腹，头部与脊柱保持在同一条直线上，双手扶住器械；
（3）右腿向后迈出一大步，屈左膝，身体重心向前；
（4）右脚跟紧踩地面，右腿伸直，保持该姿势；
（5）然后换左腿向后伸直，重复该动作。

图 4-4-7

第五节 胸部练习

要想使胸部的肌肉得到全面发展，变得坚挺饱满，就要有的放矢地选择动作，使胸部的每一块肌肉都练习到。胸部练习包括仰卧推举、仰卧飞鸟、俯卧撑、十字下拉、夹胸、双臂屈伸和仰卧屈臂上拉等。

一、仰卧推举

仰卧推举动作主练整个胸部肌群，包括平板卧推、下斜卧推和上斜卧推等。

(一)平板卧推

平板卧推的动作方法(见图 4-5-1)是:
仰卧平躺在水平放置的器械上,在胸前握推杠铃。

图 4-5-1

(二)下斜卧推

下斜卧推的动作方法(见图 4-5-2)是:
仰卧躺在头部偏高放置的器械上,在胸前握推杠铃。

图 4-5-2

(三)上斜卧推

上斜卧推的动作方法(见图 4-5-3)是:
仰卧躺在头部偏低放置的器械上,在胸前握推杠铃。

图 4-5-3

二、仰卧飞鸟

仰卧飞鸟简称"飞鸟"或"仰飞",因动作像小鸟扇动翅膀飞翔而得名,主练胸大肌中部和中间沟,包括平卧飞鸟、上斜飞鸟和下斜飞鸟等。

(一)平卧飞鸟

平卧飞鸟的动作方法(见图4-5-4)是:
(1)仰卧平躺在水平放置的器械上,双手分别握一个哑铃;
(2)双臂伸直在身体两侧,由水平位置向上运动至胸前,就像小鸟扇动翅膀飞翔一样。

图4-5-4

(二)上斜飞鸟

上斜飞鸟的动作方法(见图 4-5-5)是：
(1)仰卧躺在头部偏高放置的器械上，双手分别握一个哑铃；
(2)双臂伸直在身体两侧，由水平位置向上运动至胸前，就像小鸟扇动翅膀飞翔一样。

图 4-5-5

(三)下斜飞鸟

下斜飞鸟的动作方法(见图 4-5-6)是：
(1)仰卧躺在头部偏低放置的器械上，双手分别握一个哑铃；
(2)双臂伸直在身体两侧，由水平位置向上运动至胸前，就像小鸟扇动翅膀飞翔一样。

图 4-5-6

三、俯卧撑

俯卧撑是训练胸大肌既有效又简便的方法,主练胸大肌两侧翼肌群,包括平地俯卧撑、屈膝俯卧撑、支架俯卧撑、下斜俯卧撑和负重俯卧撑等。

(一)平地俯卧撑

平地俯卧撑的动作方法(见图4-5-7)是:

(1)俯卧在水平器械或地上,双手和双脚做支撑,双手略宽于肩膀,双脚并拢或与肩同宽,肘部打开与地面平行;

(2)肘部在伸直的过程中,把人体支撑起来,如此重复弯曲和伸直过程;

(3)人体保持平直,不能塌腰或屁股翘起。

图 4-5-7

(二)屈膝俯卧撑

屈膝俯卧撑的动作方法(见图 4-5-8)是:

(1)面部朝下俯在地上,屈小臂,用双肘和脚尖维持身体平衡,颈、背、腿绷直,成一条直线;

(2)弯曲右膝,但膝盖不接触地面,然后伸直右腿,再弯曲左膝,双腿以正常的步速轮流弯曲;

(3)手臂不动,只动腿,强化腰腹力量。

图 4-5-8

（三）支架俯卧撑

支架俯卧撑的动作方法（见图 4-5-9）是：

同平地俯卧撑，只是双手握在支架上支撑身体，使头部偏高向上倾斜。

图 4-5-9

(四)下斜俯卧撑

下斜俯卧撑的动作方法(见图 4-5-10)是:
同平地俯卧撑,只是双手握在支架上支撑身体,双脚放置在更高一些的器械上,使头部偏低向下倾斜。

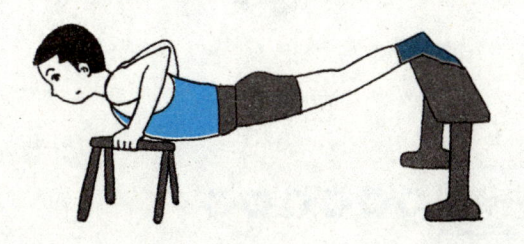

图 4-5-10

(五)负重俯卧撑

负重俯卧撑的动作方法是:
同平地俯卧撑,只是要在肩部上方放置一定重量的重物。

四、十字下拉

十字下拉通常在特制拉力器上完成,也可用弹簧拉力器或橡胶带代替,主练胸大肌和三角肌,动作方法(见图 4-5-11)是:
在特制的拉力器上,双臂侧伸与身体呈十字,双手握住手柄下拉。

图 4-5-11

五、夹胸

夹胸常在特制的蝴蝶机上完成,动作方法(见图 4-5-12)是:
坐在蝴蝶机的座椅上,双手和小臂靠握在手柄处,用力向胸部夹靠手柄。

图 4-5-12

六、双臂屈伸

双臂屈伸要求在双杠上完成,主练胸部下缘,动作方法(见图 4-5-13)是:

用双臂在双杠上支撑身体,腿部略弯曲,通过肘关节的屈伸使人体重心上下移动,达到锻炼胸部下缘肌肉和臂力的目的。

图 4-5-13

七、仰卧屈臂上拉

仰卧屈臂上拉主练胸大肌上部和前锯肌群,动作方法(见图 4-5-14)是:

(1)仰卧于长凳上,背部着凳,双腿弯曲支撑;
(2)双手握哑铃于头后下方,尽量上举至两臂伸直。

图 4—5—14

第六节 背部练习

选择不同的动作,刺激包括背阔肌在内的各背部肌肉,使人体第二大肌肉群得到发展,可以给人以健壮美观的感觉。背部练习包括引体向上、划船系列练习、耸肩和俯卧挺身等。

一、引体向上

引体向上是训练背阔肌最简单和有效的方法。根据握距可分为宽握距引体向上、中握距引体向上和窄握距引体向上。宽握距有助于拉宽肩部和刺激上背部,中握握距有助于刺激背部中间部分,窄握距除刺激整个背部外,还可发展前锯肌,扩大胸廓。引体向上的动作方法(见图 4—6—1)是:

双手正握在单杠上,悬垂身体,通过肘部弯曲向上尽量拉高身体,下降要彻底。

图 4-6-1

二、划船系列练习

划船系列练习包括俯身划船、坐姿划船和坐姿斜拉等练习。

(一)俯身划船

俯身划船主练整个背部肌群,动作方法(见下图 4-6-2)是:
(1)略蹲,腰部弯曲呈俯身姿势;
(2)双臂自然下垂,双手握哑铃,由下向小腹方向提拉哑铃。

图 4-6-2

(二)坐姿划船

坐姿划船主练背部肌群,有助于使背部变宽变厚,动作方法(见图 4-6-3)是:

(1)坐在垫子上,双脚蹬在抵触物上,腿略弯曲;
(2)双手握拉力器手柄,通过手臂弯曲和身体略向后倾斜,向后拉拉力器。

图 4-6-3

(三)坐姿斜拉

坐姿斜拉主练背阔肌、大圆肌,动作方法(见图 4-6-4)是:

坐在器械上,拉力器在身体的前上方,通过双臂弯曲和身体略向后倾斜,向斜下方拉拉力器。

图 4-6-4

三、耸肩

耸肩包括杠铃耸肩和哑铃耸肩等。

（一）杠铃耸肩

杠铃耸肩主练上背部和斜方肌，动作方法（见图4-6-5）是：双臂自然下垂，双手提握杠铃在体前，通过向上提耸肩部提拉杠铃。

图 4-6-5

（二）哑铃耸肩

哑铃耸肩的动作方法（见图4-6-6）是：
双臂自然下垂，双手提握哑铃在身体两侧，通过向上提耸肩部提拉哑铃。

图 4-6-6

四、俯卧挺身

俯卧挺身主练腰背部肌群,动作方法(见图 4-6-7)是:
(1)练习者下半身俯卧在器械上,双手抱于头后;
(2)另一个人用手压住练习者脚部,练习者由下向上挺身。

图 4-6-7

第七节 肩部练习

宽厚坚实的肩膀，可以通过对肩部肌肉的全面刺激来逐渐塑造。肩部练习包括高翻挺举、哑铃前平举、双手对握前平举、侧平举、俯身飞鸟和推举等。

一、高翻挺举

高翻挺举是全身性准备活动的动作,对竖脊肌、斜方肌及臂部和腿部肌群都有效,动作方法(见图 4-7-1)是:

(1)两脚中站距分开,双膝弯曲,向前屈体;

(2)背部伸直,双肩下沉,两臂伸直,宽握距握杠铃;

(3)以腰、背和臂部的力量快速将杠铃直拉举至头上,略停,再沿原路线将杠铃落回地面;

(4)动作过程要连贯协调,充分利用爆发力,杠铃拉举至最高位时上体要伸直;

(5)初级者和力量薄弱者也可将此动作分解,先将杠铃拉举至颈前,再快速举起至头部上方。

图 4-7-1

二、哑铃前平举

哑铃前平举主练三角肌前束和斜方肌，动作方法（见图 4-7-2）是：

双臂自然下垂，双手分别握一哑铃，由下至上，将哑铃前平举至胸前水平位置。

图 4-7-2

三、双手对握前平举

双手对握前平举的动作方法（见图4-7-3）是：

同哑铃前平举，只是双手对握一个哑铃，由下至上，将哑铃前平举至胸前水平位置。

图4-7-3

四、侧平举

侧平举主练三角肌中后部，对增加肩宽有效，动作方法（见图4-7-4）是：

双臂自然下垂，双手分别握一哑铃在体侧，由下至上，将哑铃侧平举至体侧水平位置。

图 4-7-4

五、俯身飞鸟

俯身飞鸟主练三角肌后部、斜方肌和上背肌群,动作方法(见图 4-7-5)是:

腰部弯曲呈俯身姿势,双臂自然下垂,双手分别握一哑铃在体前,由下向两侧举至水平位置。

图 4-7-5

六、推举

推举动作主练三角肌前束、斜方肌、前锯肌和肱三头肌,动作方法(见图4-7-6)是:

双手正握杠铃在胸前,用力向上推举至最高点。

图 4-7-6

第八节 腹部练习

腹部在身体中占据非常明显的位置,要想得到壁垒分明的腹肌,就应进行艰苦的动作训练,包括仰卧起坐、仰卧举腿、悬垂举腿、体侧举和负重转体等。

一、仰卧起坐

仰卧起坐是锻炼腹肌的主要手段,主练整个腹直肌和髂腰肌,动作方法(见图 4-8-1)是：
　　(1)仰躺在水平器械上,膝关节弯曲,双手抱于头后;
　　(2)上体尽量向上挺起,腿部不能抬起。

图 4-8-1

二、仰卧举腿

仰卧举腿主练腹直肌下部,动作方法(见图 4-8-2)是：
(1)仰躺在水平器械上,膝关节伸直,双手抱于头后;
(2)腿部尽量向上抬起,上体不能抬起。

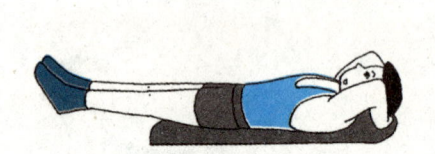

图 4-8-2

三、悬垂举腿

悬垂举腿的动作方法(见图 4-8-3)是：

人体悬垂在单杠上，臂部不能弯曲，膝关节也不能弯曲，依靠髋关节弯曲使整个腿部抬起。

图 4-8-3

四、体侧举

体侧举主练腹内外斜肌和骶棘肌群,动作方法(见图4-8-4)是:

(1)直立,两腿伸直,两脚宽站距分开,左手抱住头后,右手弓身握住大重量哑铃;

(2)以腹外斜肌和腰部的力量将哑铃拉起,至上身正立后继续向身体另一侧运动,略停后还原,上体交替做侧举动作;

(3)注意充分拉长腹外斜肌,动作要慢,上体始终保持正直。

图4-8-4

五、负重转体

负重转体主练腰背和腹外侧肌,动作方法(见图4-8-5)是:

(1)两脚宽站距分开,挺胸收腹,双手宽握杠铃于颈后肩上;

(2)将上体左转,至腰背肌肉完全收紧再将上体右转;

(3)动作过程要保持平稳,两腿不能随腰腹转动。

图 4-8-5

第九节 大腿练习

大腿是全身中最大的一个肌肉群,大腿练习不仅是健美运动的基础,也是全身力量的基础。大腿练习包括深蹲、腿举和负重腿举等。

一、深蹲

深蹲是锻炼腿部肌肉的基本动作,主练整个大腿肌群,也可促进机体代谢机能,有助于全身肌肉的增长,动作方法(见图4-9-1)是:

双手正握杠铃,将杠铃置于颈后肩上,由深蹲姿势站起。

图 4-9-1

二、腿举

腿举主练股四头肌和臀大肌,动作方法(见图 4-9-2)是:

(1)仰卧在倾斜 45°的腿举机上,背部贴紧,双手握紧把手;

(2)屈膝,双脚踏在阻力板上,略向外撇;

(3)两腿用力将阻力板蹬出,直至两腿完全伸直,略停后归位,重复动作。

图 4-9-2

三、负重腿举

负重腿举包括俯卧腿弯举和站立腿屈伸等。

(一)俯卧腿弯举

俯卧腿弯举的动作方法(见图 4-9-3)是:

俯卧在器械上,脚系在拉力器上,通过膝关节弯曲使小腿向上举起,使拉力器拉长。

图 4-9-3

(二)站立腿屈伸

站立腿屈伸的动作方法(见图 4-9-4)是:

一脚站立,两手叉腰或扶墙,练习腿脚部负重,做负重单腿屈伸。

图 4—9—4

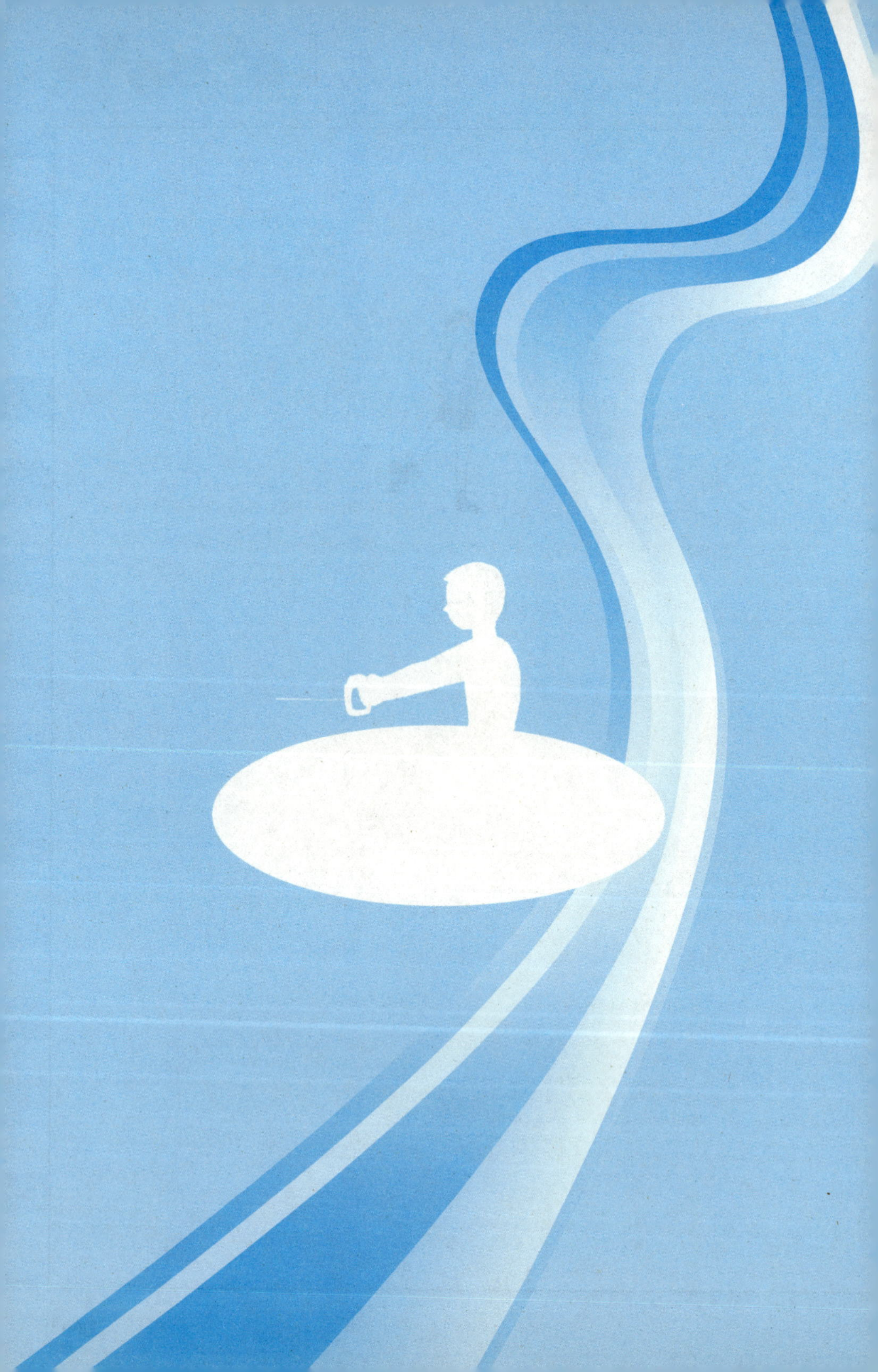

第五章 健美比赛规则

国际健联守则是，所有会员(选手、官员、管理者或其他人)作为国际健联大家庭的一员，应努力遵循的行为准则。国家协会和其他会员本着自愿原则加入国际健联，要遵守国际健联守则中有关规定。任何国家协会或个人会员如违反国际健联守则并经纪律委员会调查属实，则将受到惩戒。

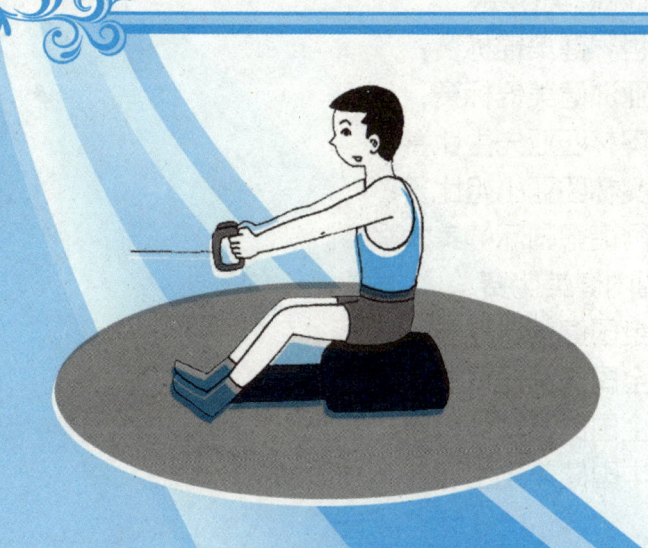

第一节 程序

健美比赛要按照一定的程序进行,包括参赛办法和比赛方法。

一、参赛方法

参加健美比赛者,必须经过医生的检查,身体合格后方可参加比赛。不论男子还是女子都分为青年组和成年组。青年组年龄为21周岁以下,成年组为21周岁以上。男女成对的比赛,对运动员则没有年龄限制。

(一)主要赛事

1. 国际健美比赛
(1)世界健美锦标赛;
(2)亚洲健美锦标赛;
(3)奥林匹亚先生比赛;
(4)奥林匹亚小姐比赛;
(5)阿诺德国际健美大奖赛。
2. 国内健美比赛
(1)全国健美锦标赛;
(2)全国健美冠军赛;
(3)全国健美精英大赛;
(4)中国健美先生、健美小姐大赛。

(二)竞赛项目

(1)男子个人；
(2)女子个人；
(3)男女混合双人；
(4)女子双人（国际比赛不设）；
(5)集体造型表演（男女比例不限,每队 5～8 人）。

(三)竞赛级别

1. 男子按体重分为下列 8 个级别：
(1)羽量级：体重在 60 千克以下；
(2)雏量级：体重在 60.01～65 千克；
(3)轻量级：体重在 65.01～70 千克；
(4)轻中量级：体重在 70.01～75 千克；
(5)次中量级：体重在 75.01～80 千克；
(6)中量级：体重在 80.01～85 千克；
(7)轻重量级：体重在 85.01～90 千克；
(8)重量级：体重在 90 千克以上。

2. 女子按体重分为下列 4 个级别：
(1)雏量级：体重在 48 千克以下；
(2)轻量级：体重 48.01～52 千克；
(3)中量级：体重在 52.01～57 千克；
(4)重量级：体重在 57 千克以上。

3. 男子青年分 3 个级别:
(1) 轻量级:体重在 65 千克以下;
(2) 中量级:体重在 65.01～70 千克;
(3) 重量级:体重在 70 千克以上。
4. 男女混合双人和元老赛不分体重级别。

二、比赛方法

(一) 竞赛动作要求

运动员自然直立,头部摆正,两眼平视,两臂下垂于体侧,两脚左右开立,各部位肌肉不得故意收缩。

1. 男子个人的 7 个规定动作

(1) 前展双肱二头肌(图 5-1-1)

面向裁判员直立,两脚自然开立,抬起两臂,弯曲肘部与肩齐高,两手握拳,拳心向下,收缩肱二头肌及全身肌肉。

(2) 前展双背阔肌(图 5-1-2)

面向裁判员直立,两脚自然开立,以两手握拳或张开的方式置于低腰部,然后用力伸展背阔肌,同时收缩全身前面的肌肉。

(3) 侧展胸部(左右侧不限)(图 5-1-3)

运动员选择较好的一只手臂侧向裁判员站立,以右侧为例:右手弯起,紧握拳,左手握住右手腕,右腿屈膝以脚尖点地,挺起胸部,用力弯曲右臂,使右臂肱二头肌收缩隆起,同时收缩腿部肌肉,尤其是股二头肌和小腿肌。

(4)后展双肱二头肌(图 5-1-4)

背向裁判员直立,弯曲双臂与腕部(动作与前展双肱二头肌相同)。然后一脚以脚尖着地,提起脚跟向后支撑,用力收缩全部手臂以及肩部肌肉、上下背肌、大小腿肌肉。

(5)后展双背阔肌(图 5-1-5)

背向裁判员直立,将双手置于腰部,肘部张开,一脚以脚尖着地,提起脚跟向后支撑,将背阔肌尽力伸展,用力收缩小腿肌。

(6)侧展肱三头肌(左右不限)(图 5-1-6)

侧向裁判员站立,双手置于身后,再以双手指互勾或者以后面的手握着前面手的手腕,靠向裁判员的这条腿必须屈膝,以足尖着地,用力收缩前侧手臂,展示肱三头肌,并提起胸部,用力收缩腹肌及大、小腿肌。

(7)前展腹部和腿部(图 5-1-7)

面向裁判员直立,将双手置于头后,一只腿向前伸出,收缩腹部肌肉,身体向前略倾,似含胸拔背的动作,同时收缩前伸腿的肌肉。

2.女子个人的 5 个规定动作

(1)前展双肱二头肌

面向裁判员直立,双手上举过头,手臂与躯干成 45°度角,两手张开放松或者握拳,右腿向右方伸直,收缩肱二头肌、腹肌、大腿肌、小腿肌。

(2)侧展胸部(左右不限)

侧向裁判员直立,前腿向前屈膝,脚跟提起,前面的手臂弯成 90°,掌心向上。其他要领与男子侧展胸部要领相同。

(3)后展双肱二头肌

背向裁判员直立,双臂上举过头成 45°,两手张开放松或者握

拳，一条腿向后侧伸出，脚跟提起，收缩肱二头肌、上背肌群、骶棘肌、大腿肌、小腿肌。

（4）侧展肱三头肌

侧向裁判员站立，要领与男子侧展肱三头肌要领相同。运动员也可选择较好的一只手臂展示肌肉，右（或左）侧对裁判员，前腿向后伸直，两臂置于身后，收缩肱三头肌、胸肌、腹肌、大腿肌、小腿肌。

（5）前展腹部和腿部

面向裁判员直立，将双手置于头后，一只腿向前伸出，收缩腹部肌肉，身体向前略倾，似含胸拔背的动作，同时收缩前伸腿的肌肉。

3.男女混合双人的5个规定动作

要求与女子个人规定的5个动作相同。

4.自由造型

自由造型是运动员通过表现艺术化及舞台舞蹈化动作，来展示其肌肉发达程度的表演。自由造型运动员应从前、后、左、右四面来显示体形和肌肉。动作数量男子不得少于15个，女子不得少于20个。每个造型应有短暂的停留。

图 5-1-1

JIANMEI BISAI GUIZE 健美比赛规则

图 5-1-2

图 5-1-3

图 5-1-4

077

图 5-1-5

图 5-1-6 　　　　　　　　　　　图 5-1-7

(二)奖项

1. 最佳表演奖
(1)全体入场,介绍运动员,集体做 5 个规定动作,退场;
(2)逐一上场,做自由造型。

2.最佳动作配乐奖

(1)全体入场,介绍运动员,集体做向右的 4 个转向,退场;

(2)逐一上场,做自由造型。

3.女子最佳腹肌奖

(1)全体入场,介绍运动员,不退场;

(2)前展腹部肌肉;

(3)从左右 45°角的侧面展示腹部肌肉。

4.男子最佳小腿肌奖

(1)全体入场,介绍运动员,不退场;

(2)集体做向右的 4 个转向;

(3)从内外侧展示左小腿;

(4)从内外侧展示右小腿;

(5)从后面展示左右小腿;

(6)突出展示小腿的自由造型。

第二节 裁判

健美比赛要有裁判进行监督和评分,以保证比赛的公平和公正,并根据运动员的实力和表现进行评分。

一、裁判员

男子个人比赛中有 9 名男裁判,女子个人比赛有 5 名女裁判及 4 名男裁判。男女混双则是 5 名男裁判及 4 名女裁判。裁判评分以下面 8 点为依据:

(1)肌肉是否匀称；
(2)体型的比例；
(3)肌肉发展程度；
(4)肌肉明显度；
(5)皮肤色泽；
(6)骨架与体型；
(7)造型姿势；
(8)综合印象。

二、奖项评选

(一)预赛评选与方法

(1)预赛采取以打"×"号的方式入选运动员，"×"号多者进入半决赛；

(2)每一组别参加半决赛运动员不得超过15人，如遇参加预赛运动员不足15人时，直接进入半决赛，不足10人参赛时，直接进入决赛；

(3)在统计和入选参加半决赛15名运动员时，遇最后两名或两名以上运动员入选"×"数相等，再进行比较淘汰，直至选定为止。

(二)半决赛内容与评分办法

1. 内容
(1)第一轮:健美形体比较评分;
(2)第二轮:特长表演。

2. 评分办法
(1)第一轮评出每位运动员的健美形体得分,即第一名为1分,第二名为2分,依此类推;
(2)第二轮评出每位运动员的特长表演得分,即第一名为1分,第二名为2分,依此类推。

3. 计分方法
(1)在统计运动员得分时,若设15位裁判员评分,应去掉3个最高分和3个最低分,将其余9位裁判员的分值相加,即分别为该位运动员健美形体、特长表演的得分,再将健美形体得分和特长表演得分相加,即为半决赛得分;
(2)在统计运动员的得分时,若9位、11位或13位裁判员评分,应去掉2个最高分和2个最低分,将其余裁判员的分值相加,即分别为该位运动员健美形体、特长表演的得分,再将健美形体得分和特长表演得分相加,即为半决赛得分;
(3)在统计运动员的得分时,若5位或7位裁判员评分,应去掉1个最高分和1个最低分,将其余裁判员的分值相加,即分别为该位运动员健美形体、特长表演的得分,再将健美形体得分和特长表演得分相加,即为半决赛得分;
(4)如遇健美形体和特长表演得分之和相同时,以健美形体中小分值多者名次列前,不允许出现相同名次。

(三)决赛内容与评分

1. 决赛内容
(1)健美形体；
(2)特长表演；
(3)知识问答。
2. 评分办法
经健美形体、特长表演、知识问答的比较，评出每位运动员的得分，即第一名为 1 分，第二名为 2 分，依此类推。
3. 计分方法
与半决赛计分方法相同。

(四)决赛总分的计算与方法

将决赛运动员的半决赛和决赛得分相加，即为该运动员的决赛总分。分值小者名次列前。如遇决赛总分相等时，以在决赛中小分值多者名次列前；再相等，以在半决赛中小分多者名次列前。不允许出现相同的名次。

举重

第六章 举重概述

举重运动是通过各种方式和方法举起重物，来增强体质、发展力量的运动项目。举重动作方式多种多样，发展至今已不下百余种，从广义上讲，包括竞技举重、健美运动、力量举重3个运动竞赛项目。本章将着重介绍竞技举重的内容，即抓举和挺举，以及一些相关的辅助动作。

第一节 起源与发展

举重运动起源于古希腊。18世纪末竞技举重开始兴起,经过长时间的演变,发展成现在的举重形式。从国际举重联合会成立后,举重进入了不断的发展、提高和创新的时期。

一、起源

在人类历史上早就有通过举重练习来发展力量的活动。古希腊人通过举石头来锻炼和测试人的体力。在古埃及,从举着粗大木棍的大力士塑像上可以看出,当时举重也被当作一个运动项目。中国举重运动也有着悠久的历史,远在2000多年前,就有关于举重活动的记载。

18世纪末,竞技举重开始兴起,最初盛行于欧洲。19世纪80年代初期,英国和美国开始致力于组织国际性的举重竞赛活动。

中国古代举重运动的发展,是与生产劳动、军事斗争以及武艺的发展密切相关的,它是古代劳动人民壮体强身、提高武艺的有效手段。汉以前有举鼎,晋代以后翘关逐渐代替了举鼎。明清两代沿用了唐朝的武举考试制度,其中包括举重科目,并把翘关改为了举石,其动作性质有如现在的硬拉。

二、发展

举重是很好的健身运动项目,在世界范围内得到了广泛的开展,同时,举重方法也在不断地演变。

(一)国际

1896年,在希腊雅典举行的第1届奥运会上,举重是9个正式竞赛项目之一,这是第一次正式的国际举重比赛。

从1896年的第1届奥运会和1898年的第1届世界举重锦标赛开始,到1920年为止,国际举重比赛分别沿着奥运会和世界锦标赛两条线各自进行。

1928年在荷兰阿姆斯特丹举行的第9届奥运会上,举重竞赛改为双手推、抓、挺举3种方式。

目前,举重比赛采用抓举和挺举两种比赛方式。

(二)中国

新中国成立后,体育运动得到了蓬勃的发展,举重运动也日益广泛地开展起来。举重不仅成为广大群众喜爱的一项运动,也成为其他运动项目发展力量的重要手段。

1956年6月7日,中国56千克级运动员陈镜开,在上海以133千克的成绩打破了美国运动员温奇保持的这个级别的挺举世界纪录,使举重成为中国体育史上第一个创造世界纪录的运动项目,陈镜开也成了中国第一个世界纪录的创造者。

20世纪80年代,中国男子举重运动重新崛起后,技术水平不断提高。进入90年代后,中国举重运动水平继续提高,1995年7月第21届青年男子世界举重锦标赛在波兰华沙举行,共有48个国家和地区的240名运动员参加了比赛,中国队最终获得男子团体总分第二名。

20世纪80年代,随着国际女子举重运动的发展,中国于1984年也开展了女子举重运动。同年9月,山东省成立了中国第一支女子举重队,中国女子举重运动由此进入快速发展时期。

第二节 特点与价值

举重运动易于开展,强度可以自行调节,对提高身体素质和发展心智都有着积极的作用,而且还有助于各国之间、人与人之间进行文化交流。

一、特点

举重运动容易开展,可根据年龄、性别和体重的不同而进行不同组别的练习和比赛。

(一)需要负重练习

举重运动最基本的特点是需要负重练习,由于这一特点的存在,使得举重运动的用力方式、技术,以及各器官系统机能的变化和恢复等方面,均表现出一定的特殊性。

(二)按年龄、性别分组,按体重分级进行比赛

人的力量大小与年龄、性别有密切的关系,所以举重运动是按

年龄、性别分组进行比赛的。男子 13～17 周岁为少年组，18～20 周岁为青年组，20 周岁以上为成年组。

(三)容易开展

举重的场地、器材和装备一般来说比较简单，灵活性较大，所以这项运动比较容易开展。

二、价值

举重运动具有增强身体素质、锻炼意志、促进体格健壮、发展体能和增进健康等价值。

(一)增强身体素质

举重运动有助于练习者掌握提、举、负、运重物的基本劳动技能，提高身体的基本活动能力。

(二)锻炼意志

进行举重练习时，总要反复地举起负荷很大的重量，这就需要一定的毅力，而且要终年不懈，持之以恒。这可以帮助练习者培养勇敢、顽强、坚毅、果断的意志品质。

(三)促进体格健壮,发展体能,增进健康

经常练习举重,能够有效地增强骨骼、肌肉、肌腱和韧带等运动器官,提高内脏器官特别是心血管系统和呼吸系统的机能;同时,中枢神经系统的功能也能够在运动中得到相应的改善。

第七章 举重场地、器材和装备

举重运动是一项很艰苦的运动,具有很强的观赏性和挑战性。这项运动对场地、器材和装备都有很高的要求。场地是举重运动开展的前提,而良好的器材和装备是举重者发挥较高水平的必要保证,并能尽量减少运动伤害的发生。

第一节 场地

一般情况下，举重训练都要在健身房里进行，要有专门的训练器械和保护设施，以免在训练中发生运动伤害。

一、规格

举重台长 4 米、宽 4 米、台高 80～150 毫米。

二、设施

台面四周必须画 50 毫米宽的彩色边线。如果举重台上安放橡胶板，则必须和台面保持完全平整。

三、要求

举重台可用木料、塑胶或其他坚固的材料制成，但台面不得涂有润滑涂料。

第二节 器材

举重比赛用的器材主要是杠铃，它在规格和材质方面都需符合一定的要求。

一、规格

（1）横杠重量为 20 千克，长度为 2200 毫米，横杠直径为 28±0.03 毫米，套筒直径为 50±0.02 毫米；

（2）杠铃片呈圆盘形（见图 7-2-1），25 千克片为红色，20 千克片为蓝色，15 千克片为黄色，10 千克片为绿色，5 千克片为白色，2.5 千克片为黑色，1.25 千克片、0.5 千克片和 0.25 千克片均为白色。

图 7-2-1

二、材质

杠铃由横杠、杠铃片和卡箍三部分构成。横杠、卡箍和杠铃片都是铁质的，杠铃片外面包有橡胶。

第三节 装备

举重比赛的装备包括举重服、举重鞋和一些护具。

一、举重服

举重比赛运动员必须穿举重服。举重服式样为紧身连裤衫。男运动员必须穿护身或紧身三角裤,女运动员必须戴胸罩、穿紧身三角裤。举重腰带须系在举重服外,宽不得超过120毫米(见图7-3-1)。

图 7-3-1

二、举重鞋

举重鞋是平底的,鞋底外沿到鞋帮的距离不得超过5毫米,鞋帮高不得超过130毫米(见图7-3-2)。

图 7-3-2

三、护具

(一)举重手套(见图 7-3-3)

举重手套是皮质的。使用时在手套表面擦上防滑粉,可以防止在举起大重量杠铃时脱手。

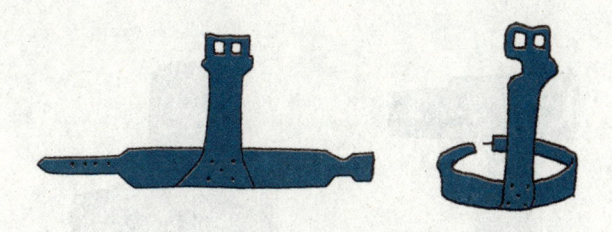

图 7-3-3

(二)助力带(见图7-3-4)

助力带须系在举重服外,最宽处不得超过120毫米。腰带或服装内均不准垫用他物。

图7-3-4

(三)护腕(见图7-3-5)

护腕用于勒紧手腕处,防止手腕过度弯曲而引起受伤。

图7-3-5

第八章 举重基本技术

举重技术就是用力的技巧,即运动员最大限度地充分利用自身的体能和杠铃的弹力及重力,举起最大杠铃重量的技巧。因此,用力过程中的实效性、经济性和合理性是衡量竞赛动作的客观标准,符合这3项标准的技术就是好的技术。举重的基本技术包括技术原则、抓举技术和挺举技术。

第一节 技术原则

在举重过程中要注意动作的实效性、经济性和合理性,遵守一定的技术原则。举重基本技术的应用,必须遵循以下原则:

(1)在做各个标准动作的过程中,人体重心、杠铃重心和两足所构成的支撑面中心,这三点应接近垂直或垂直(见图 8-1-1),在上举杠铃的过程中,使杠铃尽量贴身;

(2)在举杠铃的过程中,杠铃应加速运动,并在发力阶段达到最大速度;

(3)根据动作的要求,应在举杠铃的个别阶段缩短杠铃的行程;

(4)在举杠铃过程中,肌肉的用力应达到最大的协调值。

图 8-1-1

第二节 抓举技术

抓举是一个快速、连续不断地将杠铃从举重台上提到两臂、在头上伸直的动作。当两腿伸直、两脚站在一条横线位置上保持稳定状态时表示抓举动作完成。根据《举重规则》，在抓举过程中，杠铃不能触及膝盖以上的身体部位，不能停顿，不能推举，而只能以连续上拉的动作举起杠铃。抓举的完整技术动作包括预备姿势、开始提铃、发力、下蹲支撑与起立、放下杠铃和呼吸方法。

一、预备姿势

预备姿势的任务是为试举做好准备，使身体各个部位处于有利于开始提铃的姿势。由于抓举是一个快速连续不断的动作，后一个动作阶段是以前一个动作阶段为基础的，因此预备姿势是否正确，关系到整个动作的成功与失败。预备姿势要注意站位、身体姿势、握距和握法等。

（一）站位

正确的站位应该能使两膝自然外展，腿部肌肉放松，身体重心接近杠铃，并且在上拉时可使下肢肌肉充分发挥力量，在下蹲时便于两脚向不同方向分出。确定站位的动作方法（见图8-2-1）是：

（1）走近杠铃，两脚位于横杠的中部，使横杠接近两脚支撑面中心和身体共同重心线；

(2)两脚尖略向外自然分开,两脚掌间距与髋关节相同,两膝盖随脚尖方向分开,大小腿间的夹角为 90°~110°,小腿紧贴横杠;

(3)腿力如果较大,而踝、髋和膝关节的柔韧性较差,两脚间的距离可适当加大一些,相反,如果腿力小而髋、膝和踝关节的柔韧性较好,可将两脚间的距离适当减小。

图 8-2-1

(二)身体姿势

两脚站立妥当后,保持正确的身体姿势,动作方法(见图 8-2-2)是:

(1)两臂自然伸直,两肩放松下垂;

(2)两手平均地握住杠铃,采用两手虎口相对的正握杠;

(3)为了增加握杠的牢固性,可在手上擦些镁粉以增大摩擦力。

图 8-2-2

(三)握距

握距是指握杠时两手之间的距离,主要有中握、窄握和宽握 3 种。抓举的握距一般比较宽,采用较宽的握距可以缩短杠铃上举的距离,便于迅速伸臂支撑,下蹲时重心较低,容易维持平衡。确定握距的动作方法(见图 8-2-3)是:

(1)上体前倾,两手握杠屈臂拉起至上臂与肩平时,如果上臂与前臂所成夹角为直角,则为中握;

(2)如果上臂与前臂所成夹角小于直角,则为窄握;

(3)如果上臂与前臂所成夹角大于直角,则为宽握。

图 8-2-3

(四)握法

握杠方法主要有锁握、普通握和空握 3 种。

1. 锁握

锁握是最牢固的握法,动作方法(见图 8-2-4)是:
食指和中指压住拇指。

2. 普通握

普通握的牢固性较次于锁握,动作方法(见图 8-2-5)是:
拇指压在食指和中指上。

3. 空握

空握的牢固性较差,只适用于举石担或横杠等较粗的器械,动作方法(见图 8-2-6)是:
五指并拢握杠。

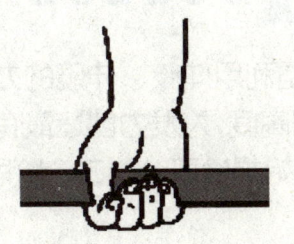

图 8-2-4

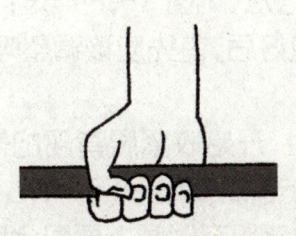

图 8-2-5

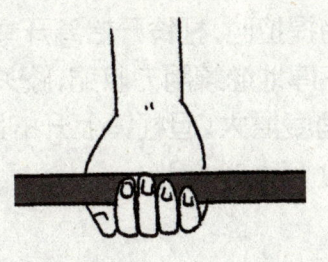

图 8-2-6

二、开始提铃

开始提铃的任务是利用伸膝、伸髋的力量给杠铃一定的初速度,向上运动到适宜的高度,为发力创造最有利的条件。按照肌肉用力的顺序和性质,开始提铃可分为三个阶段。

(一)第一阶段

第一阶段的动作方法(见图 8-2-7)是:

(1)当预备姿势做好后,首先应该调整呼吸,先呼气,然后再吸大半口气;

(2)在吸气的同时,开始收紧腰背部的伸脊柱肌肉,使肩胛骨固定,从而加强躯干的支撑作用;

(3)吸气和收缩腰背肌在时间上要配合协调;

(4)随着腰背肌的收紧,腿部伸肌也同时开始用力收缩;

(5)臀部上提,肩部随臀部的提高而升高,此时膝关节有了一定程度的伸展;

(6)当肩部开始提拉时,杠铃开始离开举重台;

(7)伸膝肌群不停地继续用力收缩,膝关节向后上方运动;

(8)膝关节的角度增大,但杠铃上升的距离不长,只到膝关节前下面,平均距离为 15～20 厘米。

图 8-2-7

(二)第二阶段

第二阶段继续利用伸膝力量,并开始用伸髋力量,使杠铃沿垂直方向上升,动作方法(见图 8-2-8)是:

(1)伸髋肌已被拉长,膝盖基本不再阻碍杠铃沿垂直方向向上运动,此时收缩伸髋肌,使上体逐渐提起来;

(2)上体前倾角度比预备姿势时更大,阻力臂加长,此时伸髋肌的工作条件较差,不能发挥出最大的力量;

(3)杠铃上升的速度相对举重台的压力略有减小;

(4)当膝关节伸展到最大限度时,这一阶段结束;

(5)在这一阶段,杠铃上升距离更短,只有 10 厘米左右。

图 8-2-8

(三)第三阶段

在第三阶段，杠铃从膝前上方继续上升到大腿部上三分之一处的瞬间，膝关节的角度由大变小，再度回屈，髋关节的角度由小变大，使上体伸展。动作方法（见图 8-2-9）是：

(1) 当横杠达到膝部高度的瞬间，上体前倾度很大，肩关节和髋关节都离开杠铃中心较远；

(2) 整个杠铃重量完全落在前倾的上体和肩带上；

(3) 随即开始向后上方抬起上体，伸展髋关节；

(4) 躯干上抬、髋关节前移，使膝盖前移至横杠下方，造成再次弯曲；

(5) 横杠上升到大腿中上部，肩关节处在横杠前上方，两臂下垂伸直持铃，挺胸、紧腰、抬头，全脚掌着地支撑，小腿略向前倾，身体的重心接近前脚掌；

(6)引膝结束以后,身体各部位都处于快速用力的状态,为发力创造最佳条件。

图 8-2-9

三、发力

发力是在引膝的基础上,伸髋、伸膝肌群适当拉长以后,立即以爆发式的用力作用于杠铃。发力的任务是在很短的时间内充分发挥出肌肉的最大力量,使杠铃获得向上运动的最大加速度以便上升到必要的高度,为下蹲支撑创造良好的条件。动作方法(见图8-2-10)是:

(1)以爆发性的用力收缩做急剧蹬腿、伸髋、伸展躯干、耸肩、提肘和提踵动作,上拉杠铃;

(2)蹬腿和伸髋(引膝后继续伸髋)同时进行,接着伸展躯干、耸肩、提肘与提踵,这些连续协调的用力动作都必须在瞬间完成;

(3)必须使整个身体充分伸展,两肘贴身提高;

(4)身体在充分伸展的情况下,在很短的时间内及时转入下蹲;

(5)以快速蹬腿和伸髋为基础,带动整个身体加快向上伸展,使杠铃获得最大的向上速度;

(6)蹬腿和伸髋是发力的中心,发力时提踵可增大发力强度,提高杠铃位置和起下蹲的过渡作用,这一动作必须十分短促,否则会影响下蹲的速度;

(7)积极耸肩提肘,可增大发力的强度,还能控制杠铃贴身运动,并对身体起制动作用,使身体在充分伸展后及时转入下蹲。

图 8—2—10

四、下蹲支撑与起立

下蹲支撑的任务是,发力后借杠铃提供上升的机会,使身体迅速向杠下屈膝蹲低以缩短上举杠铃的距离,及时地甩直两臂在头顶上方支撑杠铃,两臂伸直后迅速起立、站稳,整个抓举动作基本完成。下蹲支撑与起立的方式包括下蹲支撑与起立和箭步式下蹲支撑与起立。

(一)下蹲式支撑与起立

下蹲式支撑是借两脚左右分开深屈膝,使身体重心降低的一种下蹲方式,这能够平均发挥两腿的力量,能比箭步式举起更重的重量,但其支撑的稳定性比较差,对腿力要求比较高,要求下肢各关节和肩关节、脊柱都有较好的柔韧性。下蹲式支撑与起立的动作方法(见图 8-2-11)是:

(1)在发力结束的瞬间,杠铃产生上升的惯性,此时使身体迅速向横杠下屈膝蹲低,两臂及时伸直,同时以用前臂和翻腕动作将杠铃支撑在头顶上方;

(2)下蹲动作应紧接在发力提踵的一瞬间开始,此时杠铃已处于惯性动作,整个下蹲动作必须在极短的时间内积极迅速地完成;

(3)下蹲支撑时,两脚可以向两侧均衡分开,屈膝下蹲,两脚间的分开距离约与肩同宽;

(4)下蹲时,必须将臀部压近脚跟,并使小腿向脚尖方向压低,上体略向前倾,成挺胸紧腰的姿势,以起到稳定脊柱的作用;

(5)头部随着上体前倾略抬起,两眼视前上方,同时将杠铃直

臂支撑在头部后上方,使重心落在脚掌支撑面的中心,形成稳固的支撑;

(6)当下蹲快结束时,两前臂甩直的瞬间必须有一个锁肩动作,即两前臂在头顶向外翻转甩直,同时使两个肩胛骨向脊柱收紧,这样可使肩带和背部肌肉收紧,防止肩带和两臂移动;

(7)当锁肩动作完成,下蹲即结束;

(8)随即从下蹲中起立,使身体由深蹲直臂持铃状态中平稳地站起来,以便完成最后抓举的动作。

图 8-2-11

(二)箭步式下蹲支撑与起立

箭步式下蹲是借两腿前后分开而使身体重心降低去支撑杠铃,动作方法(见图 8-2-12)是:

（1）前后分腿时，由于后脚经过路线比前脚长，后脚要比前脚先离地，但是后脚又不能过早离地，否则会影响发力效果，使重心向支撑腿移动；

（2）然后两脚腾空，腾空后两脚前后分开，继而着地；

（3）此时上体急速地降到横杠下方，肩带和臀部都向前移；

（4）同时，前腿向前用力屈膝，并做甩前臂和翻腕的动作，使杠铃后移，身体进入横杠下面以支撑杠铃；

（5）起立时，首先将前腿向后蹬直，然后前腿退后半步，后腿向前靠拢成直立状态；

（6）在蹬直前腿时，上体和杠铃也随之后移，否则杠铃重心就会偏前。

图 8-2-12

五、放下杠铃

放下杠铃的动作方法（见图 8-2-13）是：

（1）起立后,全身直立,两臂伸直；

（2）裁判员发出放下的信号后,先屈臂将杠铃逐渐降低至胸前,略屈膝蹲低,再向下翻腕将杠铃靠近身体放下；

（3）放杠铃时要求平稳轻放,两手必须随杠铃下降,严禁随意扔放杠铃。

图 8-2-13

六、呼吸方法

抓举是一个连续不断的动作,用力很短促,所以一般都是在憋气的状态下进行的。抓举过程中的呼吸方法是:

在开始提铃前先吸气,在憋气的瞬间提铃,直到从下蹲中起立至两腿、两臂伸直的稳定状态时,再换气呼吸。

第三节 挺举技术

挺举是力量与速度相结合的动作,比抓举能举起更大的重量,但是整个过程比较复杂,完成一次动作的持续时间较长,肌体的负荷较大,需要运动员具备准确的动作、良好的力量和速度、勇猛顽

强的意志等素质。挺举技术包括提铃至胸、上挺、放下杠铃和呼吸等紧密相连的阶段。

一、提铃至胸

提铃至胸是一个连续的动作,将杠铃从举重台上提至胸上后,随即站立,两脚站在一条横线位置上,两腿伸直。提铃至胸有下蹲式和箭步式两种方式。

(一)下蹲式提铃至胸

下蹲式提铃至胸简称下蹲翻,它的主要特点在于发力后能最大限度地降低身体重心,缩短杠铃行程,能比箭步式提起更重的杠铃,动作可分解为预备姿势、开始提铃、发力、下蹲支撑与起立等阶段。

1. 预备姿势

预备姿势的动作方法(见图 8-3-1)是:

(1)两脚和两腿的位置、上体和头部的姿势、握法,均与抓举的预备姿势大致相同;

(2)不同的是,挺举的握距比抓举的窄,提杠时上体的前倾度要比抓举小,两手间的握距大都采用与肩部同宽的普通握距;

(3)腕、肘、肩关节的柔韧性较差者,握距可适当放宽些。

2. 开始提铃

开始提铃的任务是为发力做好准备,其用力方法与抓举相同,按照肌肉用力顺序的先后,可分成三个阶段,动作方法(见图

8-3-2)是：

（1）呈预备姿势后，由伸膝带动下的起臀和升肩动作使杠铃离开举重台，并基本沿垂直方向上升到膝部下面，这一阶段完全依靠伸膝的力量来完成，简称伸膝阶段；

（2）杠铃从膝关节的前下方上升到膝关节上，并靠继续伸膝和开始伸髋的力量来完成，这一阶段称为膝髋并伸阶段；

（3）靠继续伸髋、展体和屈膝，使杠铃由膝上再上升至发力前，这一阶段简称为伸髋引膝阶段。

3.发力

发力的动作方法（见图8-3-3）是：

（1）以爆发式的用力做出伸髋、蹬腿和耸肩、举踵动作，将杠铃提至接近小腹高度；

（2）随即以更快的速度，并以充分地伸髋、蹬腿为主，积极配合耸肩、举踵和提肘，使横杠达到齐腰高度，并使身体重心贴近横杠，有利于身体及时进入杠下。

4.下蹲支撑与起立

发力后，杠铃依靠惯性向上运动，这时应迅速下蹲将杠铃提至胸上，立即起立，动作方法（见图8-3-4）是：

（1）下蹲应在发力举踵的瞬间开始；

（2）两臂在开始下蹲时要以耸肩带提肘，使横杠提起至齐腰高度的瞬间，立即以肩为轴出肘，使两肘快速地由后经体侧向前转动，使横杠稳稳地放在锁骨及肩部三角肌上；

（3）下蹲的动作一定要迅速、果断。

健美举重

图 8-3-1

图 8-3-2

图 8-3-3

图 8-3-4

(二)箭步式提铃至胸(见图 8-3-5)

箭步式提铃至胸简称箭步翻。箭步翻是采用前后分腿进行提杠至胸动作的一种方式,在分腿支撑时杠铃和身体重心比下蹲翻的重心高,杠铃的运行路线长,因此举的重量轻,但是下肢力量和柔韧性差、而伸髋和屈臂力量强的人仍建议采用箭步翻。

箭步翻的预备姿势、开始提杠铃、发力和分腿下蹲的腿部动作均与箭步式抓举的动作基本相同,而分腿下蹲的上肢躯干动作和杠铃放的位置与下蹲翻的上肢动作相同,所不同的仅是前屈腿屈膝较浅,膝盖不超出脚尖线,便于小腿伸肌用力,能够支撑较大的重量。

箭步翻的起立动作与箭步式抓举一样,先蹬直前出腿,同时后出腿用力蹬地,然后前出腿后退半步,后出腿向前靠上,左右脚对称站好,呈上挺的预备姿势。

图 8-3-5

二、上挺

上挺是借助预蹲和上挺发力,将置于胸上的杠铃举过头顶至两臂伸直,两脚收回站在同一条横线上,保持静止状态。上挺是由预备姿势、预蹲、上挺发力、下蹲支撑与起立四个紧密相连的阶段组成。

（一）预备姿势

预备姿势的任务是为预蹲和上挺做好准备，动作方法（见图8-3-6）是：

（1）持铃起立后，首先调整好呼吸和杠铃的位置，以及两脚间的距离，两脚外侧的距离应与肩同宽，两脚尖略外分，呈倒"八"字；

（2）腰背收紧，挺胸收腹，头部正直，略收下颌，保持上体垂直站立；

（3）两臂适度放松，两肘略抬起，使杠铃停放在锁骨和两肩三角肌上；

（4）杠铃和身体重心垂线应通过髋部，落在踝关节前面两脚的后三分之一处。

图8-3-6

(二)预蹲

预蹲动作是在上体、头部和臀部保持原有姿势不变和杠铃固定在原来位置上的瞬间进行的,主要任务是给上挺发力创造最佳条件,是上挺动作的重要环节,特点是动作节奏性强、技术复杂,动作方法(见图 8-3-7)是:

(1)动作开始时,两膝沿脚尖的方向弯曲,臀部向脚跟方向垂直下沉;

(2)身体和杠铃的联合重心的垂线,在整个预蹲过程中应落在两脚掌的后三分之一处;

(3)屈膝的角度和下蹲的深度要适中。

图 8-3-7

(三)上挺发力

上挺发力的任务是,在最短的时间内全身爆发出最大的力量,使杠铃获得最大的上升速度并上升到必要的高度,为下蹲分腿支撑创造条件,动作方法(见图8-3-8)是:

(1)在制动预蹲结束的瞬间,快速地伸膝、伸髋、屈踝和伸臂动作,使身体获得一个足够的支撑反作用力;

(2)由伸膝、伸髋带动屈踝(起踵)、夹臀和伸臂;

(3)在整个用力过程中,伸膝是向后上方的,而伸髋和屈踝是向前上方的,只有协调配合,才能产生向上的最大力量;

(4)发力时,上体保持垂直,杠铃位置固定,胸廓形状不变,这样上体才能承受来自上、下的强大压力,并通过其稳固的支撑传至横杠。

图 8-3-8

（四）下蹲支撑与起立

下蹲支撑的任务是降低身体重心，缩短杠铃运动的距离，及时地使两臂伸直在头顶上方，以支撑住杠铃，然后收腿起立，两脚站稳在一条横线上，待裁判员发令后再放下杠铃。下蹲支撑与起立的方式有箭步式和半蹲式两种。

1. 箭步式下蹲与起立

发力后两腿采用前后分开的方式下蹲，称为箭步式，动作方法（见图 8-3-9）是：

（1）在上挺发力即将结束的瞬间，利用杠铃获得的加速度，迅速地前后分腿下蹲，果断地将身体下降到横杠下，通过降低身体重心来缩短上挺的距离；

（2）在杠铃上升到最高点尚未回降的瞬间，立即伸直两臂，并迅速锁肩，将杠铃稳固地支撑在头顶上方；

（3）分腿下蹲时，以身体的垂直轴为中心线，两脚前后分开的距离要平均；

（4）后脚略先出，速度快，前脚略慢出，向前搓步；

（5）后腿蹬直或略屈，使脚尖着地支撑，脚跟提起稍向外，前脚脚尖向里，前小腿和地面呈垂直状态；

（6）在分腿下蹲开始，即要迅速抬上臂，随即在朝后上方伸缩的同时，头部、肩带、躯干和臀部迅速、及时地进入横杠下，并使两肘贴近耳旁，肩胛内收，锁紧两肩，牢固地支撑住杠铃；

（7）然后立即蹬直前腿，收回半步，后腿再向前靠上一步，两脚平行站稳；

（8）起立时注意支撑牢固，重心平稳，一定要在两肩锁牢杠铃后再收腿。

2. 半蹲式下蹲与起立

发力后采用两脚向侧分的方式下蹲,称为半蹲式。半蹲式两脚的前后距离较小,不利于支撑和平衡,但这种方式完成下肢支撑的时间较短,有利于上挺。动作方法(见图8-3-10)是:

(1)分腿时,躯干以上的动作和分腿时间与箭步式一样;

(2)两脚向侧分开;

(3)由于重量大、重心高、支撑面小,起立时特别需要将肩肘锁紧,腰背肌收紧,如果重心不稳,可通过移动下肢来调整;

(4)两腿伸直后保持静止。

图8-3-9

图 8-3-10

三、放下杠铃

上挺动作完成后,放下杠铃,动作方法(见图 8-3-11)是:
(1)屈臂将杠铃放下;
(2)当杠铃接近胸上时再屈膝,以缓冲杠铃回降的压力;
(3)然后翻腕转肘,将杠铃贴身、平稳地放在举重台上。

图 8-3-11

四、呼吸

挺举的呼吸方法是：
（1）提铃前先做深呼吸；
（2）预备姿势做好后，在提铃前吸气，但不要吸足，随即憋住气提铃；
（3）在上拉和下蹲起立过程中，都保持憋气；
（4）站直起立后立即换气，然后做短促的吸气（吸半口气）；
（5）再次憋住气，做预蹲上挺和下蹲支撑起立；
（6）两脚收回在一条横线上时换气。

第四节 举重辅助练习方法

举重辅助练习方法有直腿抓、高抓、宽高翻、悬垂抓和垫铃抓、窄握抓、不下蹲宽拉、宽拉、直立宽拉和直立抓、俯卧拉、弓身、挺身、体侧屈和侧拉、抓举支撑深蹲、颈后宽挺蹲、颈后宽推和颈后宽借力推、深蹲、箭步蹲、力量推、卧推等。

一、直腿抓

直腿抓练习对发展抓举上拉力量,特别是对发展伸髋、伸展躯干、上提肩带、屈前臂的力量有较大的作用,动作方法（见图8-4-1）是：

（1）同抓举相似,发力后充分展体和提肘将杠铃抓起,而不做屈膝下蹲；

（2）也可以从膝上和膝下不同角度开始做动作,或站在垫木上做动作。

图 8-4-1

二、高抓

高抓练习常用于提高抓举的技术和发展抓举上拉的爆发力,动作方法(见图 8-4-2)是:

(1)下蹲深度为半蹲,其他要领均同抓举;

(2)也可以从膝上和膝下不同角度开始悬垂提铃动作,或站在垫木上做提铃动作。

图 8-4-2

三、宽高翻

宽高翻练习对发展抓举的上拉力量,特别对发展伸髋、展体、上提肩带和屈前臂的力量有较好效果,动作方法(见图 8-4-3)是:采用举的宽握距,作为抓举的辅助动作。

图 8-4-3

四、悬垂抓和垫铃抓

悬垂抓和垫铃抓练习能保持发力前的正确角度,两臂自然伸直牵引住杠铃,杠铃重心容易落在支撑面中心,容易做出发力和下蹲支撑的配合动作,对提高抓举的发力和下蹲支撑的技术,发展抓举上拉的爆发力有较好效果,动作方法(见图8-4-4)是:

根据需要将杠铃提高或垫高到膝下或膝上的高度做动作,其他动作均同抓举。

图 8-4-4

五、窄握抓

窄握抓练习延长两臂和杠铃的运动路线,增加了难度,对发展抓举的上拉力量和提高抓举的技术、平衡能力与关节柔韧性有较好效果,动作方法(见图8-4-5)是:

用同肩宽或略宽于肩的握距做下蹲抓,其他要领同抓举。

图 8-4-5

六、不下蹲宽拉

不下蹲宽拉练习能使身体充分伸展,发力后仍可继续用力,使肌肉充分收缩,对发展上拉力量,特别是伸髋、展体、上提肩带和屈前臂的力量有较大作用,动作方法(见图 8-4-6)是:

与抓举提铃动作相似,发力后不做屈膝半蹲,而充分展体、伸髋、耸肩、提肘、提踵,整个身体直立呈反弓形,将杠铃拉至胸线部位。

图 8-4-6

七、宽拉

宽拉练习主要发展抓举的上拉力量,提高抓举提铃的发力和下蹲配合的技术,动作方法(见图8-4-7)是:

(1)同抓举提铃动作相似,当杠铃提到大腿中上部时,全身骤然用力,迅速做出屈体、伸髋、蹬腿、耸肩、提肘和提踵等一系列动作,使杠铃加速上升,身体随之做半蹲动作,同时顺势提肘;

(2)要注意上拉的高度和速度,重量不宜过重,一般采用抓举最高重量或比抓举最高重量轻10千克左右的重量为宜。

图 8-4-7

八、直立宽拉和直立抓

直立宽拉和直立抓练习主要用于发展上提肩带和屈前臂的肌肉力量,提高抓举的耸肩、提肘技术,动作方法(见图 8-4-8)是:

(1)直立宽拉:身体直立,两臂伸直下垂宽握杠铃,然后耸肩、提肘将杠铃拉至胸线部位,杠铃要贴身;

(2)直立抓:开始姿势同直立宽拉,然后耸肩、提肘、伸前臂、翻腕将杠铃抓起。

直立宽拉　　　　　　　直立抓

图 8-4-8

九、俯卧拉

俯卧拉练习主要用于发展伸上臂、屈前臂、内收肩带的肌肉力量，动作方法（见图 8-4-9）是：

（1）俯卧在长凳上，两臂伸直下垂持铃，屈臂将杠铃拉起靠近凳底面；

（2）也可做俯立拉，上体前屈成水平状态站立，或将前额顶住山羊（或鞍马），两臂伸直下垂持铃，屈臂将杠铃拉起靠近腹部；

（3）拉时不要抬上体和屈腕，两肘靠近体侧。

图 8-4-9

十、弓身

弓身练习主要用于发展伸展躯干和伸髋的肌肉力量,动作方法(见图 8-4-10)是:

(1)两臂持铃于颈后,两腿开立约与肩宽,身体直立,腰和腿收紧,上体慢慢前屈,臀部后移(像鞠躬),使上体成水平状态,然后向上挺直身体;

(2)可做直腿或屈腿弓身,也可坐在凳上做坐弓身。

图 8-4-10

十一、挺身

挺身练习主要用于发展伸展躯干和伸髋的肌肉力量,动作方法(见图 8-4-11)是:

(1)俯卧在山羊或鞍马上,两脚固定在肋木间,两手在颈后固定杠铃,做体前屈与挺身起;

(2)前屈时速度要慢些,挺身起要充分,身体呈反弓形。

图 8-4-11

十二、体侧屈和侧拉

体侧屈和侧拉练习主要用于发展躯干侧屈的肌肉力量，动作方法（见图 8-4-12）是：

（1）体侧屈：身体直立，两腿开立约与肩同宽，肩负杠铃做左右体侧屈；

（2）侧拉：两腿伸直分开站立，一手提铃，做体侧屈；

（3）做时手臂要伸直，身体尽量向侧下方弯曲，两侧轮换练习；

（4）也可侧卧在长凳或山羊上，固定两腿，做侧卧起。

图 8-4-12

十三、抓举支撑深蹲

抓举支撑深蹲练习主要用于提高抓举下蹲支撑力量、平衡能力和关节的柔韧性，动作方法（见图 8-4-13）是：

（1）用抓举握距直臂支撑杠铃，做深蹲与起立动作；

（2）可将杠铃放在架上或由他人帮助拉起杠铃来做，也可做退让抓举支撑深蹲。

图 8-4-13

十四、颈后宽挺蹲

颈后宽挺蹲练习基本上同抓举支撑深蹲，可提高下蹲支撑的协调性，动作方法（见图 8-4-14）是：

（1）用抓举握距颈后持铃，身体直立，挺胸别腰，然后略屈膝下蹲，蹬腿发力将杠铃挺起，随即迅速屈膝下蹲，伸直两臂支撑住杠铃；

（2）下蹲支撑住杠铃后，也可向前后移步；

（3）这个动作在运动状态中完成，肌肉由放松转入紧张，对肌肉用力的协调性和关节的柔韧性要求较高，为了避免肌肉和关节受伤，要充分做好准备活动，开始可先用体操棒或轻杠铃练习，注意加强保护。

图 8-4-14

十五、颈后宽推和颈后宽借力推

颈后宽推和颈后宽借力推练习主要用于发展抓举两臂和肩带的支撑作用，动作方法（见图 8-4-15）是：

（1）颈后宽推，用抓举的握距将杠铃从颈后推起至两臂伸直，也可以坐在凳上做；

（2）颈后宽借力推采用抓举握距，杠铃置于颈后，而预备姿势、预蹲和发力的要领与上挺基本相同，发力后两腿和两臂伸直支撑住杠铃。

颈后宽推　　　　　　颈后宽借力推

图 8-4-15

十六、深蹲

深蹲练习是挺举的主要辅助动作，主要用于发展伸膝和伸髋的肌肉力量，以及躯干的支撑力量，动作方法（见图 8-4-16）是：

(1) 将杠铃放置胸上的（两肩和锁骨上）为前蹲，将杠铃放置肩上的为后蹲；

(2) 做动作时应保持腰背挺直，抬头收腹，平稳屈膝下蹲；

(3) 根据需要可采用不同的速度（快速、中速、慢速、反弹），不同的站距（窄、中、宽），不同的伸腿动作（外展、内收、正常）来做。

图 8-4-16

十七、箭步蹲

箭步蹲练习主要发展伸膝、伸髋、屈小腿的肌肉力量,对发展上挺的支撑力量也有效,动作方法(见图 8-4-17)是:

胸前或颈后持铃,前后箭步分腿,做蹲低与升高动作,也可做箭步行进。

图 8-4-17

十八、力量推

力量推练习主要用于发展上挺的两臂力量和上挺的夹肘、抬肘技术,动作方法(见图 8-4-18)是:

(1)提铃至胸用高翻,预备姿势基本同上挺,所不同的是两臂自然下垂靠近体侧,用两臂力量将杠铃贴近面部从胸上推起至两臂伸直;

(2)力量推有不同做法,如出髋推、推哑铃等,出髋推的做法是两臂用力上推杠铃时,向前下方送髋,推起杠铃至两臂伸直后,上体回到垂直姿势。

力量推

出髋推

推哑铃

图 8-4-18

十九、卧推

做卧推时肩胛骨固定,两腿蹬地,因此,卧推的重量要比站立推重得多。蹬腿挺腰的卧推又要比平卧的卧推重得多。窄握夹肘的卧推对发展肱三头肌力量有利;宽握分肘的卧推对发展胸大肌、三角肌有利;窄握夹肘的卧推较易于结合上挺的技术。卧推练习的动作方法(见图 8-4-19)是:

(1)仰卧在卧推架上,将杠铃推离卧推架,两臂伸直支撑住杠铃,慢慢将杠铃放在胸部,两臂靠近体侧,挺胸、别腰,然后向肩带上方推起杠铃至两臂伸直;

(2)如无卧推架,可用卧推凳代替,但要有两位同伴站在杠铃两端进行帮助和保护。

图 8-4-19

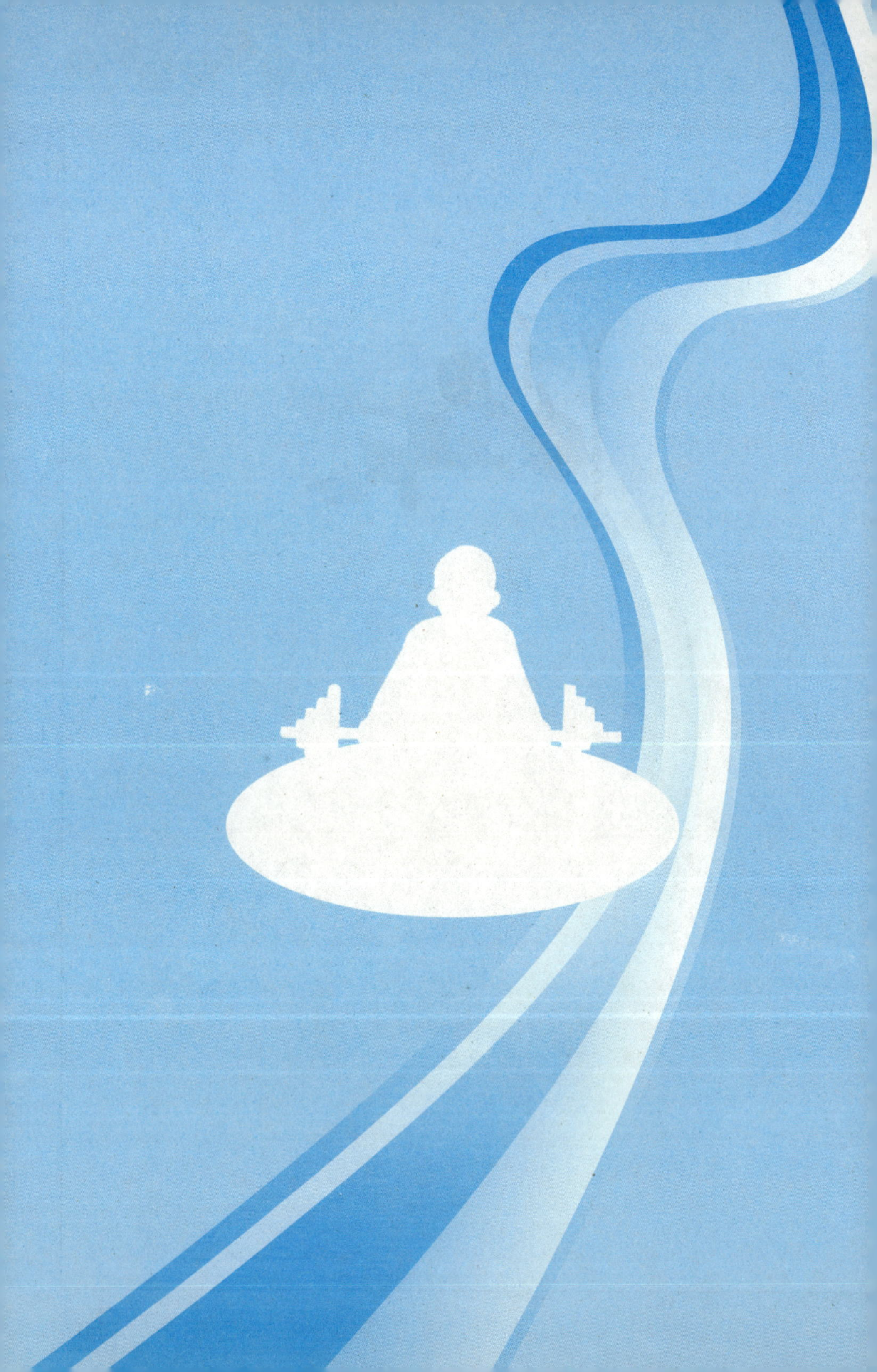

第九章 举重比赛规则

没有规矩不成方圆，运动的乐趣一方面来源于运动技巧，另一方面在规则的指导下，合理规范的进行体育锻炼，可以让锻炼者得到极大的充实与满足感。举重比赛要按照一定的程序进行，还要有裁判进行监督判罚，才能确保比赛的公平性，使比赛顺利进行。

第一节 程序

举重比赛要按照赛前制定好的秩序册进行，主要包括参赛办法和比赛方法。

一、参赛办法

(一)运动员条件

(1)凡发育健全并有一定专项训练基础的人，均可参加竞赛；
(2)凡参加竞赛的运动员，必须有身体检查合格证；
(3)青少年运动员须持有出生证明；
(4)女运动员须持有性别检查证明；
(5)少年组年龄为 13～17 岁；
(6)青年组年龄为 18～20 岁；
(7)成年组年龄为 20 岁以上；
(8)男女运动员年满 15 岁可参加全国比赛。

(二)比赛级别

1.男子级别

男子举重竞赛可按运动员体重分为下列 10 级：
(1)54 千克级：体重不超过 54 千克；

(2)59千克级:体重54.01～59千克;
(3)64千克级:体重59.01～64千克;
(4)70千克级:体重64.01～70千克;
(5)76千克级:体重70.01～76千克;
(6)83千克级:体重76.01～83千克;
(7)91千克级:体重83.01～91千克;
(8)99千克级:体重91.01～99千克;
(9)108千克级:体重99.01～108千克;
(10)108千克以上级。

2.女子级别

女子举重竞赛可按运动员体重分为下列9级:
(1)46千克级:体重不超过46千克;
(2)50千克级:体重46.01～50千克;
(3)54千克级:体重50.01～54千克;
(4)59千克级:体重54.01～59千克;
(5)64千克级:体重59.01～64千克;
(6)70千克级:体重64.01～70千克;
(7)76千克级:体重70.01～76千克;
(8)83千克级:体重76.01～83千克;
(9)83千克以上级。

(三)竞赛规则

1.抽签

抽签在技术会议上进行。按大会秩序册顺序,各队参赛运动员

进行一次性抽签。所抽得的签号决定运动员称量体重的顺序和试举顺序。抽签时，不分级别，签号数量根据大会参赛运动员人数确定。

2.称量体重

运动员在该场竞赛前2小时开始称量体重。称量时间为1小时，过时作弃权论。

3.试举顺序

重量轻的运动员先进行试举。第一次试举重量相等时，按签号决定顺序，签号小者先举。在第二、三次试举中，如试举重量相等则按前一次的试举顺序进行。

4.加重原则

杠铃重量是逐渐增加的，试举重量必须是2.5千克的倍数，破纪录试举必须是0.5千克的倍数。每次试举成功后必须增加至少2.5千克。场上杠铃重量不得低于27.5千克。

5.更改试举重量

运动员要求改变试举重量，必须在最后一次点名前提出。在来不及填卡的情况下，教练员或运动员可口头要求改变重量，但每次试举的重量只能更改两次。

6.试举时间

记录员点名后，允许有1分钟的间歇时间，最后半分钟发出信号；如果连续试举，允许有2分钟的间歇时间。

7.破纪录规定

任何一次试举成功的重量超过该项纪录0.5千克或0.5千克的倍数，即承认为新纪录。新纪录一旦创造，其他人不得以同样重量破该纪录。总成绩必须超过原纪录2.5千克才承认新纪录。

8.名次评定

在抓举或挺举的 3 次试举中举起最高的一次重量,即为单项成绩,名次按成绩来确定。总成绩名次以抓举和挺举的总和来确定。如成绩相等,比赛前体重轻者名次列前。如成绩和体重都相等,则以先举起该重量的运动员名次列前。

二、比赛方法

(一)抓举

运动员将杠铃平行地放在两小腿前面,两手虎口相对握扛,以一个连续动作把杠铃从举重台上举至两臂在头上完全伸直。

(二)挺举

运动员以一个连续动作把杠铃从举重台上提置肩际,两腿平行伸直保持静止状态,先屈腿领蹲,接着用伸腿、伸臂动作将杠铃举起至两臂完全伸直,两腿收回平行保持静止。

第二节 裁判

在举重比赛过程中,要有裁判员进行监督判罚和组织比赛,确保比赛的公平性和顺利进行。

一、裁判员

举重竞赛时,由总裁判、副总裁判、裁判员、记录长、副记录长、记录员、检录员、计时员、加重员、公布员、报告员和医生等负责进行裁判和临场工作。工作人员的人数根据竞赛规模而定,他们之间可互相兼任。重大竞赛应把裁判人员分成两组,由正、副总裁判分别领导,轮班工作。

(一)裁判员权利

各级举重裁判员享有以下权利:
(1)参加全国各级举重裁判工作;
(2)参加中国举重协会组织的裁判员学习和培训;
(3)监督本级裁判组织执行各项裁判员制度;
(4)接受比赛主办单位支付的劳动报酬;
(5)对于举重裁判队伍中的不良现象有检举权;
(6)对于本级裁判组织做出的技术处罚,有向上一级裁判主管部门申诉的权利。

(二)裁判员义务

各级举重裁判员应当承担下列义务:
(1)培养和坚持良好的职业道德,在举重比赛中公正执法;
(2)钻研举重项目规则和裁判法;
(3)培训和指导下一级裁判员;

（4）承担中国举重协会指派的裁判任务及担任下一级举重比赛裁判工作；

（5）配合中国举重协会进行有关裁判员执法情况的调查。

二、评判程序

（1）竞赛前参加称量运动员的体重，注意运动员的服装、护具是否合规定；

（2）竞赛开始前，裁判员入场后，须将裁判员证书提交仲裁委员会主席；

（3）检查电子裁判信号器；

（4）竞赛中判定运动员的动作是否正确，如已正确完成应立即发令；

（5）若在试举中出现明显犯规动作，裁判员应立即按红灯，令其放下杠铃；如未采用电子裁判信号器，发现犯规动作的裁判员应立即举手示意，当判断已构成多数时，裁判应立即发信号让运动员停止试举；

（6）如运动员在上举杠铃过程中转移方向，裁判员可起立到能看到的位置观察动作，随后回原位发信号；

（7）竞赛时，注意加重员加的重量是否正确，杠铃在台上的位置是否适当；

（8）竞赛结束后，裁判员向仲裁委员会领回裁判员证书，并在成绩记录表、破纪录证明单等表格上签字。

三、规则

在抓举比赛中，要求选手伸直双臂，用一次连续动作将杠铃举过头顶。

在挺举比赛里，选手需要先将杠铃置于双肩之上，身体直立，然后再把杠铃举过头顶。运动员要等到裁判判定站稳之后才能算成绩有效。

比赛按抓举、挺举的顺序进行。每场比赛运动员共有 6 次试举机会，抓举 3 次，挺举 3 次。试举重量由运动员自己选定，增加重量必须是 2.5 千克的倍数。

奥运会比赛只计算抓举和挺举的总成绩，如总成绩相同则赛前体重轻者列前，如再相同，则以赛后即称体重轻者列前。

四、犯规

两种举式的犯规动作有：
(1) 从悬垂状态提铃；
(2) 提铃过程中有停顿；
(3) 除两足外，身体任何部位触及举重台；
(4) 在完成动作时，两臂伸展不平均或不完全；
(5) 伸展臂部过程中有停顿；
(6) 用推举完成动作；
(7) 起立时臂有屈伸；
(8) 在试举中离开举重台，即让两脚触及台外地方；
(9) 在裁判员发令前将杠铃放下；

(10)在裁判员发令后杠铃从身后落下,或故意从身前挥下;

(11)未能使两脚站在与杠铃和躯干的平面相平行的同一横线上来完成动作;

(12)放铃时,未能使杠铃整体接触举重台;

(13)抓举时,在完成动作中横杠触及头部;

(14)挺举翻铃转肘之前横杠触及胸部;

(15)翻铃时肘、上臂触及大腿或膝部;

(16)上挺前两腿未伸直;

(17)屈膝上挺未完成动作;

(18)上挺前有意使杠铃颤动。